Entgeltumwandlung

Hans-Georg Schumacher • Markus Sobau
Felix Hänsler

Entgeltumwandlung

Mit System zu höheren
Durchdringungsquoten
im Mittelstand

3., aktualisierte Auflage

 Springer Gabler

Hans-Georg Schumacher
APM Europe
Lampertheim, Deutschland

Felix Hänsler
Südcuranz Finanz AG
Merdingen, Deutschland

Markus Sobau
Confina Finanzplanung GmbH & Co. KG
Mannheim, Deutschland

ISBN 978-3-8349-4556-3
DOI 10.1007/978-3-8349-4557-0

ISBN 978-3-8349-4557-0 (eBook)

Die Deutsche Nationalbibliothek verzeichnet diese Publikation in der Deutschen Nationalbibliografie; detaillierte bibliografische Daten sind im Internet über http://dnb.d-nb.de abrufbar.

Springer Gabler
© Springer Fachmedien Wiesbaden 2010, 2011, 2013

Gedruckt auf säurefreiem und chlorfrei gebleichtem Papier

Springer Gabler ist eine Marke von Springer DE. Springer DE ist Teil der Fachverlagsgruppe Springer Science+Business Media
www.springer-gabler.de

Geleitwort

Mehr als jedes dritte mittelständische Unternehmen rechnet einer aktuellen Studie zufolge damit, aufgrund der demografischen Entwicklung nicht mehr ausreichend qualifizierte Mitarbeiter finden zu können. Das Institut für Mittelstandsforschung Bonn geht zudem davon aus, dass im Zeitraum 2010 bis 2014 rund 110.000 Familienunternehmen mit 1,4 Millionen Beschäftigten eine Nachfolgeregelung benötigen, meist aus Altersgründen. Erfahrungsgemäß wird ein bedeutender Anteil keinen geeigneten Nachfolger finden und verkauft oder liquidiert werden müssen.

Gerade der Mittelstand sollte deshalb mehr tun, um qualifizierte Mitarbeiter zu finden und vor allem dauerhaft an sich zu binden. Die betriebliche Altersvorsorge ist ein wichtiges Instrument der Mitarbeiterbindung. Dennoch wird es bei kleineren Unternehmen immer noch kaum genutzt.

Ein Anliegen dieses Buches ist es, auf die Chancen der betrieblichen Altersversorgung neu aufmerksam zu machen und Verkäufer zu motivieren, Firmenkunden hierauf anzusprechen. Vor allem Versicherungsmakler können in diesem Geschäftssegment wertvolles Potenzial heben. Dafür ist es aber wichtig, eine praktische Anleitung zu erhalten. Eine gute fachliche Ausbildung ist zwar wichtig, häufig scheitert es aber an der Umsetzung in den Verkaufsalltag. Deshalb ist es ein Verdienst der Autoren, die Praxisbrille aufzusetzen und Anleitung für die Kundenansprache und die gelungene Umsetzung zu geben.

Denn häufig hapert es im Verkauf nicht so sehr am Fachwissen. Vielmehr werden eigentlich selbstverständliche Tätigkeiten eines Verkäufers wie die Schaffung eines geeigneten Beratungsanlasses durch entsprechende Gesprächsaufhänger, das gezielte und ausreichende Erfragen der Wünsche und des Bedarfs des Beratungskunden sowie eine hierauf angepasste Beratung und Begründung der erteilten Ratschläge oft nicht bewältigt. Auch in der Beratungsdokumentation sehen viele Makler immer noch mehr eine Last anstatt eine Chance, den nächsten Beratungsanlass schriftlich zu fixieren.

Und das gilt nicht nur für den Arbeitgeber, der zunächst im Rechtssinn der Beratungskunde ist. Völlig zu Recht weisen die Autoren darauf hin, dass die Arbeitnehmer letztendlich die eigentlichen Kunden sind, die sich mit oder ohne besondere Förderung durch ihren Arbeitgeber für eine Entgeltumwandlung entscheiden sollen. Eine wertvolle Form der Gewinnung von Privatkunden über den Betrieb – wie übrigens auch umgekehrt von Betrieben über deren Arbeitnehmer, die vielleicht schon Privatkunden sind. Wer deshalb auch die Arbeitnehmer bei der Entgeltumwandlung als Kunden behandelt und im obigen Sinn bedarfsgerecht und nachhaltig berät, der vergrößert erfolgreich seinen Kundenbestand.

Ich wünsche allen Leserinnen und Lesern Freude an den vielen praktischen Tipps und den Mut, es in der Praxis auszuprobieren – die Mittelständler mit ihren Nachwuchsproblemen wird es ebenso freuen wie Ihr eigenes Vermittlerunternehmen, das wieder wertvolle Wachstumsimpulse erhält!

Bochum, im September 2010   Professor Dr. Matthias Beenken

Vorwort

In Großbetrieben ist die betriebliche Altersversorgung eine Selbstverständlichkeit und gleichzeitig ein Anreiz für Arbeitnehmer, dort tätig zu sein. Für kleinere und mittelständische Betriebe ist dagegen eine Versorgungseinrichtung schon etwas schwieriger, vor allem in schwankenden und erst recht in krisenhaften Zeiten. Denkt man dann noch an die möglichen ausgefeilten Versorgungssysteme, so wirkt das alles kompliziert, schwierig zu handhaben sowie steuerlich und rechtlich überfrachtet. Folglich neigt man dazu, die Realisierung immer wieder aufzuschieben. Der Verdrängungsfaktor ist hoch.

Das Gesetz zur Verbesserung der betrieblichen Altersversorgung bietet jedoch speziell für mittelständische Betriebe eine einfache Möglichkeit, die den Betrieb nicht finanziell belastet. Das Zauberwort heißt **Entgeltumwandlung.**

Der Arbeitnehmer verzichtet auf einen Teil seines Entgelts und kauft sich dafür mithilfe des Arbeitgebers eine kostengünstige Altersversorgung; er profitiert durch Steuerersparnisse und eingesparte Beiträge zur Sozialversicherung und senkt dadurch den Beitrag auf circa 50 Prozent des sonst zu zahlenden Beitrages. Der Arbeitnehmer erhält eine der Altersarmut entgegenwirkende Versorgung zum „Schnäppchenpreis".

Also alles prima! So haben viele Firmeninhaber, Versicherungsgesellschaften und Verkäufer gedacht. Pech: Die Praxis zeigt, dass in der Regel bislang nur wenige Arbeitnehmer geneigt waren, eine Entgeltumwandlung vorzunehmen. Häufig reagieren nur etwa 15 Prozent der Belegschaft positiv. Diese Quote wird auch Durchdringungsquote genannt. Oftmals ist die Durchdringungsquote sogar noch niedriger als 15 Prozent. Von den Arbeitnehmern werden häufig die finanziellen Kosten als Ablehnungsgrund angeführt. Es ist jedoch ungeheuer wichtig, dass Unternehmer ihren Arbeitnehmern die Entgeltumwandlung schmackhaft machen. In unseren Praxistrainings erleben wir immer wieder, dass die Unternehmer der betrieblichen Altersvorsorge positiv gegenüberstehen. Dies ist nicht nur erfreulich, sondern auch notwendig!

Mit diesem Buch werden dem Verkäufer wichtige und Erfolg versprechende Grundlagen, Hinweise und praxisnahe Empfehlungen gegeben. Wir freuen uns, wenn nach der Lektüre des vorliegenden Buches die betriebliche Altersversorgung als ein spannendes und faszinierendes Thema aufgefasst wird.

Viel Spaß und Erfolg bei der Umsetzung der Anregungen wünschen wir Ihnen.

Felix Hänsler, Hans-Georg Schumacher und Markus Sobau

Inhaltsverzeichnis

Markt- und Strategieausrichtung

Hans-Georg Schumacher

1 Aktuelle Chancen zur betrieblichen Altersversorgung (Entgeltumwandlung)

1.1 Ausgangssituation

Die betriebliche Altersversorgung ist für jedes Unternehmen eine wichtige personalpolitische und finanzwirtschaftliche Strategieausrichtung. Das trifft insbesondere auch für die arbeitnehmerfinanzierte betriebliche Altersversorgung (Entgeltumwandlung) zu. Der Kerngedanke dabei ist, dass durch den Arbeitgeber den Arbeitnehmern eine wirkungsvolle und kostengünstige Versorgungsmöglichkeit ermöglicht wird. Dies ist notwendig, weil die Rentenansprüche aus der gesetzlichen Rentenversicherung nicht ausreichen. Eine privat und betrieblich durchzuführende Versorgung soll diese Versorgungslücke schließen.

Der Gestaltungsspielraum wird durch die staatlich geförderten Maßnahmen erweitert. Für Unternehmer ergeben sich zwei wesentliche Auswirkungen: Zum einen wird gezeigt, dass eine besondere fürsorgliche Wertschätzung gegenüber der Belegschaft besteht. Zum anderen wird durch die endgültige Abgabefreiheit der Sozialversicherungsbeiträge dem Arbeitgeber eine langfristige Planungssicherheit zur Senkung der Lohnnebenkosten gegeben. Allerdings gehört die betriebliche Altersversorgung nicht zur Kernaufgabe eines Unternehmers. Zudem wird die praktische Umsetzung durch die rechtlichen Gegebenheiten und Entwicklungen immer komplexer. Das ist für einen mittelständischen Betrieb zwar schwierig, aber durchaus sehr gut lösbar.

Ein mittelständischer Unternehmer erwartet verlässliche Leitlinien für die optimale Umsetzung und ein Konzept, das die Gestaltungssicherheit festschreibt und folgende Punkte fixiert:

H.-G. Schumacher et al., *Entgeltumwandlung – mit System zu höheren Durchdringungsquoten*, DOI 10.1007/978-3-8349-4557-0_1, © Springer Fachmedien Wiesbaden, 2013

- Wahl zwischen fünf möglichen Durchführungswegen

- Geltungsbereiche: Welche Arbeitnehmer kommen in Frage?

- Auskunfts- und Informationspflichten

- Haftungsrisiken

- transparente Kommunikationsregeln und

- eine einfache betriebliche Handhabung und Abwicklung

Eine gründliche Vorbereitung bzw. Aktualisierung, eine leicht anwendbare und verständliche Gestaltung, eine transparente Präsentation und eine dauerhafte Kommunikation zeigen entscheidende und positive Wirkungen für Arbeitgeber und Arbeitnehmer.

Für den Verkäufer bedeutet das, dass eine mit dem Firmeninhaber abgestimmte gemeinsame Vorgehensweise, eine erkennbare Kommunikation sowie eine permanente Zusammenarbeit mit dem Unternehmen und die Betreuung der Arbeitnehmer erfolgen.

Es ist nicht ausreichend, dass der Verkäufer nur einmal bei der Einrichtung der betrieblichen Altersversorgung tätig wird, dies bringt nicht die gewünschte Nachhaltigkeit. Die gegebene betriebliche Situation erfordert in sehr vielen Fällen eine nochmalige forcierte Aktion, um das wichtige Thema der betrieblichen Altersversorgung nachhaltig in den Blickpunkt zu rücken.

Kernaussagen:

Die Entgeltumwandlung ist für jeden Arbeitnehmer ein wichtiges und lukratives Versorgungsinstrument.

Für jede Firma ist die Entgeltumwandlung eine effektiv wirkende Möglichkeit der Personalpolitik.

Ein erneuter Anlauf bzw. eine Aktualisierung ist notwendig und Erfolg versprechend.

1.2   Aktualisierung einer bestehenden betrieblichen Altersversorgung

Im Zusammenhang mit der Einrichtung einer betrieblichen Altersversorgung war für jeden Unternehmer die Senkung der Lohnnebenkosten eine wichtige Überlegung, weil dadurch der Ertrag gestärkt und die Liquidität erhalten werden sollte. Je mehr Arbeitnehmer die Entgeltumwandlung nutzen, umso größer ist naturgemäß der finanzwirtschaftliche Effekt. Da jedoch die Akzeptanz durch die Arbeitnehmer bisher nicht so hoch ist wie erwartet, ist auch etwas Ernüchterung eingetreten.

In Bezug auf die mangelnde Akzeptanz sind unterschiedliche Ursachen erkennbar.

1. Arbeitnehmer:

- Arbeitnehmern sind die Vorteile aus Steuerersparnissen und der Abgabefreiheit der Beiträge zur Sozialversicherung zu wenig bekannt, obwohl die Altersversorgung dadurch zum „Schnäppchenpreis" gekauft werden kann.

- Der Arbeitnehmer glaubt, zu wenig Geld zu haben, um sich eine Altersversorgung, die der Altersarmut entgegenwirkt, leisten zu können. Die Altersarmut ist gravierend. Zurzeit werden knapp drei Millionen Rentner angenommen, deren Rente unter die Armutsgrenze fällt. Die Tendenz ist steigend.

Richtig ist, dass die finanziellen Mittel für Arbeitnehmer in der heutigen Situation etwas eingeengt sind. Ein Arbeitnehmer, ledig, mit einem monatlichen Bruttoeinkommen von 2.200 Euro hat netto rund 1.400 Euro zur Verfügung. Beachtet man seinen monatlichen Aufwand für Miete, easy-Kredit, Leasingrate für sein Auto, Handykosten, gebührenpflichtiges Fernsehen usw., dann ist es etwas schwierig, einen ordentlichen Beitrag für eine Altersvorsorge aufzubringen – aber es muss sein! Die Entgeltumwandlung ist dabei das richtige Instrument.

Der Arbeitnehmer kann zwischen drei Möglichkeiten wählen:

- Entgeltumwandlung mit einer Reduzierung des Beitragsaufwandes durch Steuerersparnisse und Abgabefreiheit der Sozialversicherungsbeiträge

- Entgeltumwandlung unter Einbezug bisheriger vermögenswirksamer Leistungen zum *Nulltarif*

- Riester-Rente mit Zulagen

Der beste Weg ist die Kombination aus Entgeltumwandlung und Riester-Rente.

2. Arbeitgeber

- Eine einmal vorgenommene Präsentation der kostengünstigen Möglichkeiten für eine Altersversorgung gerät schnell in Vergessenheit. Möglicherweise hat auch der Verkäufer seinen Vortrag fachlich richtig, jedoch zu kompliziert gestaltet, sodass dieser nur von einem Teil der Zuhörer verstanden worden ist.

- Der Arbeitgeber hat zu wenig und nicht stetig, das Angebot zur betrieblichen Altersversorgung kommuniziert.

- Die Informations- und Auskunftspflichten sind vom Arbeitgeber zu selten bzw. nicht ausreichend beachtet worden.

Lösungsansatz:

Für eine Aktualisierung oder auch Einrichtung einer betrieblichen Altersversorgung gibt es wichtige Ansatzpunkte:

1. Es besteht **Rechtssicherheit** für die Abgabefreiheit der Sozialversicherungsbeiträge.

   Für Arbeitgeber und Arbeitnehmer ist die Abgabefreiheit nunmehr endgültig gegeben. Die Ungewissheit, ob die Beiträge dauerhaft so behandelt werden, hat früher bei Arbeitnehmern und Arbeitsgebern zur Zurückhaltung geführt. Jetzt ist langfristige Planungssicherheit gegeben.

2. Der Arbeitgeber hat durch seine arbeitsrechtliche Fürsorgepflicht eine Verpflichtung zur laufenden **Information und Auskunft.**

   Diese ist vielen oftmals nicht bekannt. In der Praxis ist erkennbar, dass nach dem Angebot zur betrieblichen Altersversorgung an die Arbeitnehmer keine weiteren Informationen regelmäßig gegeben werden. In mittelständischen Firmen ist sogar häufig festzustellen, dass neue Arbeitnehmer keine Hinweise oder konkrete Angebote bekommen.

3. Der Arbeitgeber übernimmt die **Haftung** in Bezug auf die Auswahl und Gestaltung des Angebotes und im Hinblick auf die dauerhafte Informations- und Auskunftspflicht.

   In der Praxis hört man gelegentlich, dass eine Erklärung zur Haftungsbefreiung vom Arbeitnehmer unterzeichnet wurde und in der Personalakte abgelegt worden ist. Diese Erklärung bezieht sich in der Regel auf die Angebotsvorlage und deren Ablehnung. Das ist nicht ausreichend. Es muss eine gültige, umfassende Erklärung zur Haftungsbefreiung zum Angebot bzw. zur Nichtannahme und gleichzeitig zur dauerhaften Information vorliegen.

Aus diesen Gründen sind die bisherigen Vorgaben und Unterlagen zur betrieblichen Altersversorgung zu überprüfen und gegebenenfalls zu ergänzen. Es sollte nochmals ein Gespräch mit jedem Arbeitnehmer geführt werden. Für den Arbeitnehmer, der bereits eine Vorsorge getroffen hat, ist zu prüfen, ob eine Erhöhung des Beitrages angebracht und möglich ist. Für alle anderen Arbeitnehmer ist die grundsätzliche Bereitschaft nochmals festzustellen und zu dokumentieren. Die Haftungsbefreiung von der Informations- und Aufklärungspflicht ist der zentrale Punkt.

Wer soll diese wichtigen Aufgaben übernehmen? Ein Verkäufer, der den damaligen Anstoß gegeben und die Einrichtung der betrieblichen Altersversorgung forciert hat, aber sich danach nicht mehr mit weiteren Informationen hat blicken lassen, ist mit Sicherheit nicht der richtige Geschäftspartner. Durch sein Verhalten hat er demonstriert, dass er nicht die erforderliche Servicefähigkeit und -bereitschaft erkannt hat. Diese Aufgabe bietet tüchtigen und servicefähigen Verkäufern eine gute Chance. Es gilt die vorgegebene Situation zu untersuchen und zu verbessern.

In Frage kann deshalb nur ein Geschäftspartner kommen, der durch Service die Informations- und Auskunftspflichten des Unternehmers übernimmt. Für die Haftungsbefreiung von der Informations- und Aufklärungspflicht wird eine schriftliche Servicezusage abgegeben (siehe Anlage 1) oder ein Maklervertrag mit Servicezusage (siehe Anlage 2) abgeschlossen. Für den mittelständischen Unternehmer ist entscheidend, dass er eine arbeitsmäßige Entlastung und gleichzeitig eine Enthaftung zur Informations- und Auskunftspflicht erhält. Es muss eine nahezu 100-prozentige Entlastung durch eine solche Implementierung erreicht werden. Viele Arbeitgeber fürchten sich vor allem vor einer zusätzlichen Zeit- und Kostenbelastung sowie vor einem hohen Verwaltungsaufwand. Deshalb wird vom Unternehmer das Gespräch mit einem kompetenten und servicefähigen Geschäftspartner bzw. Verkäufer angestrebt, der sich aktiv für den Unternehmer bzw. Kunden engagiert.

Mit einer Aktualisierung des Versorgungskonzeptes werden auch die positiven Faktoren wie Betriebsklima, geringere Fluktuation, Arbeitszufriedenheit, Umsorgung des Arbeitnehmers als sogenannte „weiche" Faktoren wiederbelebt oder verstärkt. Das sind Vorteile, die es zu nutzen gilt. Durch eine Aktualisierung des Versorgungskonzeptes und eine nochmalige Ansprache der Arbeitnehmer wird in der Regel eine Durchdringungsquote von 60 Prozent erreicht. Dies ist ein lukratives Ergebnis für den Arbeitgeber.

Zu den rechtlichen Überlegungen und Grundlagen wird noch an späterer Stelle ausführlich Stellung genommen.

> Kernaussagen:
>
> Eine Aktualisierung der betrieblichen Altersversorgung ist dringend angebracht.
>
> Die Servicebereitschaft und die vertiefte Betreuung durch den Verkäufer sind für den Unternehmer zur Durchführung der Informationspflicht und zur Enthaftung entscheidend.
>
> Die Übernahme der Auskunfts- und Informationspflicht durch den Verkäufer ist der wichtigste Ansatzpunkt.

1.3 Auswirkungen der Erhöhung der Durchdringungsquote

In jeder nur denkbaren Marktsituation ist die Senkung von Lohnnebenkosten erstrebenswert. Der Ertrag wird gestärkt, die Kreditlinie nicht berührt und die Liquidität bleibt erhalten. Das sind wünschenswerte Effekte und für jeden Unternehmer überaus interessante Anreize.

Bei der arbeitnehmerfinanzierten betrieblichen Altersversorgung zahlt der Arbeitnehmer – wie bereits erwähnt – die Beiträge selbst, und der Arbeitgeber wird dadurch finanziell nicht belastet. Auf die vom Arbeitnehmer zu zahlenden Beiträge – zum Beispiel zu einer

Direktversicherung – entfällt für den Arbeitgeber die Zahlung der sonst fälligen Beiträge zur Sozialversicherung. Dadurch entsteht für den Arbeitgeber eine echte, endgültig und dauerhaft kalkulierbare Kostenersparnis.

Die Höhe der Kostenersparnis richtet sich nach den festgelegten Beiträgen zur Sozialversicherung, die zurzeit für den Arbeitgeber und den Arbeitnehmer je rund 20 Prozent des Entgelts betragen. Es ist davon auszugehen, dass die Gesamtbelastung steigen wird, wenn zum Beispiel der durch die Gesundheitsreform aufgelegte Gesundheitsfonds nicht ausreicht und aufgestockt werden muss und einzelne Kassen gezwungen sind, Beitragserhöhungen vorzunehmen oder sonstige Anlässe eintreten, die Beitragserhöhungen zur Folge haben.

Beispielrechnung:
  In einem mittelständischen Betrieb haben fünf von 30 Arbeitnehmer bereits von der Möglichkeit einer Entgeltumwandlung Gebrauch gemacht; monatlicher Beitrag 100,00 Euro

Bisherige jährliche Kostenersparnis:

5 x 20 x 12   = **1.200** Euro

Wenn 15 weitere Arbeitnehmer die Entgeltumwandlung in Anspruch nehmen, ergibt sich eine Kostenersparnis von insgesamt (20 x 20 x 12) = **4.800** Euro. Das sind in fünf Geschäftsjahren **24.000 Euro.** Diese ersparten Lohnnebenkosten sind für den Arbeitgeber interessant. Sie führen zu einem höheren Gewinn, erhalten die Liquidität, schonen die Kreditlinie und können betrieblich sowie privat genutzt werden.

Ein weiteres **Praxisbeispiel**:

Ein Unternehmen hat 105 Arbeitnehmer. Davon haben bereits 15 Arbeitnehmer eine Entgeltumwandlung vorgenommen.

Bisherige Senkung der Lohnnebenkosten: Je Arbeitnehmer wurden im Durchschnitt monatlich 100,00 Euro als Beitrag aufgebracht.

Ersparnis an Sozialversicherungsabgaben (rund 20 Prozent): Monatlich 20,00 Euro, also jährlich 240,00 Euro. Bei 15 Arbeitnehmern sind das 240,00 Euro x 15 = **3.600,00** Euro jährlich.

Nach einer erneuten Besprechung mit allen Arbeitnehmern und einer Befürwortung des Arbeitgebers entschließen sich weitere 45 Arbeitnehmer zum Abschluss. Das bewirkt eine weitere Ersparnis von 45 x 240,00 Euro = **10.800,00** Euro jährlich.

Insgesamt ersparte Lohnnebenkosten: **14.400,00** Euro jährlich

Die um 10.800,00 Euro erhöhte Senkung der Lohnnebenkosten ist ein interessantes und lukratives Ergebnis, das sich jährlich wiederholt. In fünf Geschäftsjahren wird eine Senkung der Lohnnebenkosten in Höhe von **72.000,00 Euro** (= 5 x 14.400,00 Euro) erreicht.

Betriebliche Altersversorgung - Entgeltumwandlung

Berechnungsvorlage

1. Anzahl aller Arbeitnehmer	…………..
Davon haben bislang Arbeitnehmer von der Entgeltumwandlung Gebrauch gemacht	…………..
Bisherige Durchdringungsquote	…………. Prozent

2. Auswirkung, wenn die Durchdringungsquote 60 Prozent beträgt:

Es sind also insgesamt …….. Arbeitnehmer

Die monatliche Senkung der Lohnnebenkosten je Arbeitnehmer (AN) bei einem durchschnittlichen Beitrag von 100,00 Euro beträgt rund 20,00 Euro.

Jährliche Senkung der Lohnnebenkosten = 240,00 Euro

Insgesamt ………. AN x 240,00 Euro = …………………….. Euro

Senkung der Lohnnebenkosten innerhalb von fünf Jahren …………………..Euro

Die dauerhafte Senkung der Lohnnebenkosten ist eine interessante und jährlich wiederkehrende Ertragschance für den Betrieb. Darauf kann nicht verzichtet werden.

> **Kernaussagen:**
>
> Eine Aktualisierung bringt eine Erhöhung der Durchdringungsquote in der Regel auf 60 Prozent.
>
> Eine erhöhte und dauerhafte Senkung der Lohnnebenkosten führt zu einer wiederkehrenden Stärkung der Ertragskraft des Betriebes.

1.4   Verwendung der ersparten Lohnnebenkosten

Eigentlich ist die Frage zur Verwendung der Ersparnisse überflüssig, denn jede Höhe der ersparten Lohnnebenkosten tut dem Betrieb gut; sie kann also im Betrieb verbleiben und zum Beispiel die Investitionskraft stärken usw. In einem Gespräch sagte ein Firmeninhaber, dass er gerade daran denke, einen neuen Firmenwagen für sich durch einen Leasingvertrag anzuschaffen und die ersparten Lohnnebenkosten kommen deshalb gerade recht. Vier Wochen später stand der neue Firmenwagen auf dem Firmenparkplatz.

Es gibt darüber hinaus zwei Möglichkeiten, die beachtenswert sind:

1. Der Arbeitgeber gibt die ersparten Lohnnebenkosten teilweise oder ganz als Zuschuss in die Versorgung des Arbeitnehmers. Das kann sowohl innerhalb der Entgeltumwandlung geschehen als auch in einer davon unabhängigen, arbeitgeberfinanzierten betrieblichen Altersversorgung. Wird der Zuschuss gewährt, wenn der Arbeitnehmer eine Entgeltumwandlung durchführt, ist dies natürlich eine positiv wirkende Motivation für den Abschluss. Dies ist ein interessanter Anreiz und bewirkt, dass die Durchdringungsquote erhöht wird. Auch hierdurch werden die schon beschriebenen „weichen" Faktoren gefördert bzw. verstärkt. Gelegentlich kommt es vor, dass von Seiten eines Arbeitnehmers angedeutet wird, dass der Arbeitgeber an der betrieblichen Altersversorgung „verdient". Das ist unangebracht, denn der Gesetzgeber hat bewusst die Abgabefreiheit der Sozialversicherungsbeiträge als Anreizsystem für beide Seiten vorgesehen. Alles andere wäre kontraproduktiv gewesen. Die Zuschusszahlung ist im mittelständischen Betrieb sehr effektiv und insbesondere ein Gegengewicht zu Großbetrieben mit Versorgungssystemen, die schon langjährig bestehen.

2. Anstelle des Verbleibs der ersparten Lohnnebenkosten im Betrieb oder der Zuschusszahlung des Betriebes kann durchaus daran gedacht werden, diesen Betrag für die Versorgung des/der Geschäftsinhabers oder des/der Geschäftsführers einer GmbH einzusetzen. Es entsteht dadurch die Möglichkeit, eine **Unternehmerrente** einzurichten. Das ist durchaus legitim, denn über betriebliche Mittel entscheidet immer noch der Unternehmer. Zu unterscheiden ist jedoch zwischen den Auswirkungen für den Geschäftsinhaber, also dem Eigentümer der Firma und dem angestellten Geschäftsführer – auch Gesellschafter-Geschäftsführer.

   1. *Firmeninhaber*
      Für Firmeninhaber sind eingesparte Lohnnebenkosten bei der Verwendung zur Unternehmerrente zunächst Privatentnahmen und somit in voller Höhe steuerpflichtig. Das Alterseinkünftegesetz sieht jedoch vor, dass Beiträge für eine Basisrente als Altersvorsorgeaufwendungen wieder im Rahmen der Besteuerungsgrundlagen zum größten Teil absetzbar sind. Das ist eine Versorgungslösung, die es erlaubt, die ersparten Lohnnebenkosten sinnvoll für den Unternehmer einzusetzen.

2. *Geschäftsführer einer GmbH*

   Die ersparten Lohnnebenkosten können für eine arbeitgeberfinanzierte betriebliche Altersversorgung für Geschäftsführer verwendet werden: zum Beispiel als Beitragszahlung für eine Direktversicherung, für eine Unterstützungskasse und auch für eine Verbesserung der Rückdeckung für eine vorhandene oder einzurichtende Direktzusage. Auch der Hinweis auf eine Ausfinanzierung und auf die Werthaltigkeit der Direktzusage kann ausgesprochen sinnvoll sein.

Neben diesen aufgeführten Aspekten zur Unternehmerrente gibt es eine sehr überdenkenswerte Alternative: Für den Kreis der leitenden Angestellten einer Firma wird eine **arbeitgeberfinanzierte** Versorgung installiert und mit den eingesparten Lohnnebenkosten finanziert.

> Kernaussagen:
>
> Es sind die unterschiedlichen Verwendungsmöglichkeiten der ersparten Lohnnebenkosten zu überdenken und zu besprechen.
>
> Eine Zuzahlung des Arbeitgebers in die Versorgung der Arbeitnehmer ist förderlich.
>
> Die Verwendung für den Unternehmer ist eine interessante Gestaltungsmöglichkeit.

1.5 Vorgehensweise zur Aktualisierung der Durchdringungsquote

Die bereits beschriebene Rechtssicherheit zur Abgabefreiheit der Sozialversicherungsbeiträge, die Haftungslage sowie die Verbesserung der Durchdringungsquote zur erhöhten Senkung der Lohnnebenkosten sind die besten Voraussetzungen, um mit Firmen die Aktualisierung der betrieblichen Altersversorgung zu besprechen. Es ist zweckmäßig, das Thema mit einem erweiterten Handlungskonzept aufzugreifen. Dieses Konzept besteht aus der praktischen Umsetzung, der Kommunikation und den Rechtsgrundlagen.

Praktische Umsetzung

Früher war der Kreis der Zuhörer klein, sodass ein Vortrag vor der Belegschaft der erste und wesentliche Schritt war, um die Entgeltumwandlung vorzustellen und schmackhaft zu machen. Die Erlebnisse waren unterschiedlich; eher enttäuschend. Bei dem kleinen Zuhörerkreis war häufig jemand anwesend, der sich gern reden hörte und somit zum Meinungsmacher wurde. Stand er dem Ganzen eher ablehnend gegenüber, so steckte er alle Zuhörer mit seiner negativen Meinung an. Ein Vortrag, der als letzter Tagesordnungspunkt innerhalb einer Betriebsversammlung gehalten wurde, stieß meist auch nur auf ein geringes Interesse. Dies berichten uns immer wieder unsere Seminarteilnehmer.

Doch in größeren Firmen ist ein Vortrag fast unumgänglich. Wenn es 30 bis 40 Zuhörer sind, dann läuft es sachlicher und unkomplizierter ab. Die Kunst besteht in diesem Fall darin, interessierte Zuhörer ausfindig zu machen, sie einzubinden und anschließend für einen Besprechungstermin zu gewinnen.

Diese interessierten Teilnehmer (zwei bis vier) sind neben dem Leiter der Personalabteilung und dessen Mitarbeiter/innen einerseits und den Mitgliedern des Betriebsrates andererseits die ersten und die wichtigsten Verhandlungspartner. Sie werden mit dieser Vorreiterrolle zu Referenzpartnern, auf die man Bezug nimmt. Nach einem Vortrag und der anschließenden Beratung findet ein Meinungsaustausch unter den Kollegen statt. Der erste Arbeitnehmer, der die Entgeltumwandlung bereits umsetzt, berichtet dann von seinen Erfahrungen. Die Stimmung innerhalb der Zuschauer schlägt jedoch ins Negative um, wenn ein beratener Teilnehmer sich Bedenkzeit erbittet oder gar seine Ablehnung bekundet

Vorträge sind somit in größeren Unternehmen angebracht. Teilnehmer sind **alle** Mitarbeiter/innen:

■ Mitarbeiter/innen, die die Entgeltumwandlung bereits genutzt haben, können den Beitrag anpassen und sind auf alle Fälle als Referenzpartner wichtig.

■ Mitarbeiter/innen, die es bisher noch nicht erkannt und gemacht haben und insbesondere neue Mitarbeiter/innen.

Der Vortrag soll keineswegs fachlich, steuerlich und rechtlich umfassend sein. Durch den Vortrag sollen Neugierde und Interesse geweckt sowie dargestellt werden, dass die Firma etwas Besonderes zu bieten hat.

Folgende Vortragsthemen sind in diesem Zusammenhang empfehlenswert:

■ der Weg in die Altersarmut

■ Chancen zur Gestaltung des Alters (emotionale Ansprache)

■ kostengünstige Altersvorsorge durch Steuerersparnisse und Abgabefreiheit der Sozialversicherungsbeiträge

■ Verwendung vermögenswirksamer Leistungen

■ notwendige individuelle Besprechung, die sich auf den jeweiligen Einzelfall bezieht.

Bei größeren Unternehmen ist es zweckmäßig, einen Aushang für das sogenannte Schwarze Brett mit der Empfehlung des Arbeitgebers zur kostengünstigen Gestaltung der Altersversorgung auszuarbeiten und zu veranlassen.

Der Aushang wird zwar in der Regel nicht gelesen oder nur flüchtig zur Kenntnis genommen. Wichtig ist aber trotzdem, dass er realisiert wird. Er liegt für die Besprechung in der Firma vor. Dies bedeutet, dass

- man beauftragt ist, die Besprechung durchzuführen

- der Arbeitgeber eine Empfehlung ausspricht und sich für die betriebliche Altersvorsorge einsetzt.

Aus diesen Gründen wird der Aushang zu einem starken Bezugspunkt. Ein Aushang kann beispielsweise folgendermaßen formuliert sein:

Anregung

Aushang

An alle Mitarbeiterinnen und Mitarbeiter,

die Versorgung im Rentenalter aus der gesetzlichen Rentenversicherung ist nicht ausreichend. Wir haben deshalb nochmals geprüft und entschieden, unseren Mitarbeiter/innen eine betriebliche Altersversorgung durch Entgeltumwandlung und zwar in Form einer **Direktversicherung** zu ermöglichen.

Es gehört zu unserer Pflicht, Sie ausführlich informieren zu lassen. Wir haben deshalb Herrn/Frau _____ der (Versicherungsgesellschaft/Versicherungsmaklerfirma) beauftragt, mit Ihnen die Möglichkeiten zu besprechen. Herr/Frau _____ wird sich an Sie wenden und einen Besprechungstermin, Zimmer_____ , vereinbaren.

Unsere Firma übernimmt einen monatlichen Zuschuss von _____ Euro, wenn unsere Mitarbeiter/innen das mindestens Fünffache des Zuschusses als eigenen Beitrag aufwenden.

Wir empfehlen Ihnen, die Altersversorgung durch Steuerersparnisse und Einsparungen an Sozialversicherungsbeiträgen kostengünstig zu regeln.[1]

Mit freundlichen Grüßen

....

Geschäftsleitung

---

[1] Für den Fall, dass eine Empfehlung nicht erfolgt bzw. nicht erreichbar ist, kann folgende Formulierung angewandt werden: „Es ist zweckmäßig, die Altersversorgung durch Steuerersparnisse und Einsparungen an Sozialversicherungsbeiträge kostengünstig zu regeln!"

Bei kleineren und mittleren Firmen bis zu 30 Mitarbeitern ist ein anderer Weg Erfolg versprechend. Es entspricht den Vorstellungen des Firmeninhabers, den Betriebsablauf nicht durch Verkaufsverhandlungen während der Arbeitszeit zu stören. Es ist deshalb richtig, einen anderen Weg einzuschlagen, der vom Firmeninhaber gern gegangen wird. Die Verhandlung wird beim Arbeitnehmer/in zu Hause geführt, sofern die Belegschaft im örtlichen Umkreis erreichbar ist. Das ist zunächst ein Entgegenkommen des Verkäufers. Der Arbeitgeber ist deshalb auch bereit, die Arbeitnehmer schriftlich auf die betriebliche Altersversorgung hinzuweisen und den Besuch mit der Besprechung aller Informationen anzukündigen.

Die Empfehlung des Arbeitsgebers ist für den Verkauf äußerst wirksam. Der Verkäufer hat durch die Besuchsankündigung die Chance, den Arbeitnehmer zu Hause aufzusuchen und in der gewohnten Verkaufsatmosphäre zu verhandeln. Das erhöht die Abschlusschance ganz erheblich. Gleichzeitig können die Riester-Rente und weitere Versorgungsfragen angesprochen werden. Die Erhöhung der Durchdringungsquote ist sozusagen garantiert. Mit dem Schreiben, das der Verkäufer am besten mitbringt und übergibt, ist gleichzeitig eine Erklärung zur Enthaftung vorgesehen, wenn der Arbeitnehmer trotz ausführlicher Informationen von der Entgeltumwandlung keinen Gebrauch macht. Der Personalakte wird Folgendes beigefügt: die Erklärung zur Enthaftung bei Nichtannahme des Angebotes sowie der Verzicht auf weitere Informationen.

Anregung

Schreiben der Firma an Betriebsangehörige

Herrn/Frau

Adresse

Betriebliche Altersversorgung

Sehr geehrte Frau............

Sehr geehrter Herr........

wir haben nochmals geprüft und entschieden, Ihnen eine betriebliche Altersversorgung durch Entgeltumwandlung und zwar in Form einer **Direktversicherung** zu ermöglichen.

Es gehört zu unserer Pflicht, Sie ausführlich informieren zu lassen. Wir haben deshalb Herrn/Frau _____ beauftragt, Sie zu besuchen, um alle Fragen mit Ihnen zu besprechen.

Wir bitten Sie, Herrn/Frau _____ zu empfangen und empfehlen Ihnen, Ihre

Altersversorgung durch Steuerersparnisse und Einsparungen an Sozialversicherungsbeiträgen kostengünstig zu regeln.

Unsere Firma übernimmt einen monatlichen Zuschuss von _____ Euro, wenn Sie
mindestens das Fünffache des Zuschusses als eigenen Beitrag aufwenden.

Mit freundlichen Grüßen[2]

Zur Personalakte

Ich wurde am .... ausführlich informiert.

Von der besprochenen Entgeltumwandlung mache ich Gebrauch.

Ich behalte mir vor, zu einem späteren Zeitpunkt davon Gebrauch zu machen.

Trotz ausführlicher Information mache ich von dem Angebot keinen Gebrauch und
stelle keine Ansprüche an die Firma und verzichte auf weitere Informationen.

_____   _____

Ort, Datum und Unterschrift

---

[2] Für den Fall, dass eine Empfehlung nicht erfolgt bzw. nicht erreichbar ist, kann folgende Formulierung angewandt werden: „Es ist zweckmäßig, Ihre Altersversorgung durch Steuerersparnisse und
Einsparungen an Sozialversicherungsbeiträge kostengünstig zu regeln!"

Wie erreichen Sie eine hohe Durchdringungsquote?

Ein Fall aus der Praxis:

In einer Firma mit 72 Mitarbeitern wurde von einem Versicherer ein Vortrag vor der Belegschaft gehalten. Dieser Vortrag war fachlich fundiert und umfassend und wurde von den Arbeitnehmern pflichtgemäß angehört. Es interessierte sich jedoch anschließend kein Arbeitnehmer für eine Einzelberatung. Alle Arbeitnehmer hatten eine vorbereitete Erklärung zur Enthaftung des Arbeitgebers unterzeichnet. Das war für alle überraschend und enttäuschend. Ein jüngerer und tüchtiger Versicherungsmakler nahm einige Wochen danach Kontakt zum Geschäftsführer dieses Unternehmens auf und konnte nach anfänglicher Zurückhaltung der Geschäftsleitung seine Strategie plausibel machen.[3]

Ergebnis: 60 Arbeitnehmer schlossen nach eingehender Verkaufsverhandlung eine Entgeltumwandlung ab.

Erfolgreiche Strategie zur Erhöhung der Durchdringungsquote

1. *Firmen-Kontaktaufnahme im Kundenkreis:*

   – Jedes Unternehmen (ohne Beachtung der Größe), das mit irgendeiner Versicherung im Bestand geführt wird
   – Selbstständige jeder Art

2. *Gewinnung neuer Firmenkunden:*

   – persönliche Direktansprache
   – Besuchsankündigung mit anschließender Direktansprache
   – Ansprechziele:

   Anzahl der Arbeitnehmer insgesamt
   Anzahl der Arbeitnehmer mit Entgeltumwandlung
   Durchdringungsquote

3. *Verhandlung mit Arbeitgeber*

   Vorlage der Präsentation (siehe Anlage 3)

   Besprechungspunkte:

   – finanzielle Auswirkungen bei Erreichung einer Durchdringungsquote von 60 Prozent.
   – Haftungsrisiken des Arbeitsgebers aus der Auskunfts- und Informationspflicht
   – Versorgungsordnung
   – Vorteile des Arbeitgebers bei Zahlung eines Zuschusses
   – Verwendung der ersparten Lohnnebenkosten zur konkreten Investition im Betrieb

---

[3] Die Inhalte dieser Strategie werden im vorliegenden Buch vorgestellt und erläutert.

– Unternehmerrente
– arbeitgeberfinanzierte betriebliche Altersversorgung
– Informationen an:

alle Arbeitnehmer
neu eingestellte Arbeitnehmer

– Übernahme der Informationspflicht durch Maklerauftrag (Versicherungsmakler) mit Servicevereinbarung (Verkäufer nach § 84 HGB)

4. *Durchführungskonzept*

– kein Vortrag bei mittelständischen Firmen
– bei größeren Firmen Aushang am Schwarzen Brett; gleichfalls Arbeitsgrundlage bei Besprechungen in der Firma; Empfehlung des Arbeitgebers
– bei mittelständischen Firmen erfolgt ein Anschreiben des Arbeitgebers mit Empfehlung an den Arbeitnehmer
– Kontaktaufnahme mit dem Arbeitnehmer oder Ansprache in der Firma zur Terminvereinbarung
– Text der Ansprache: „Herr Geschäftsführer/Inhaber hat mich **beauftragt**, mit Ihnen die betriebliche Altersversorgung in Ihrem Unternehmen zu besprechen."

Zur Vorbereitung des Gespräches:

– Welche Steuerklasse haben Sie?
– Terminvereinbarung
– Terminbestätigung

Termin

Herr/Frau ....

Zu der beabsichtigen Besprechung des Themas „betriebliche Altersversorgung" ist ein Termin am ...., um .... Uhr bei Ihnen im Hause vereinbart worden.

Bitte halten Sie dazu folgende Unterlagen bereit: letzte Renteninformationen, Versicherungsscheine zu bestehenden Lebens-/Rentenversicherungen, letzte Gehalts-/Lohnabrechnungen.

Hinweis: Die Terminbestätigung wird dem Arbeitnehmer nach Terminvereinbarung übergeben.

5. *Gesprächsvorbereitung*

6. *Verkaufsverhandlung*

– zu Hause
– Empfehlung des Arbeitgebers; siehe Anschreiben, das der Verkäufer überbringt
– Bezugnahme auf Referenzen von Arbeitskollegen
– Vorlage der Verhandlungsgrundlage unter Einbezug der Renteninformation

–   Beachtung bestehender Versorgungsverträge
–   gegebenenfalls Umwidmung vermögungswirksamer Leistungen
–   Antrag wird in der Regel sofort gestellt
–   Dokumentation der Besprechungspunkte

7. *Kommunikation mit dem Arbeitgeber*

–   ständige Informationen an den Arbeitgeber und an die Arbeitnehmer
–   Policen für Firma und Arbeitnehmer gehen an den Vermittler
–   Zusammenstellung der Unterlagen für den Arbeitnehmer in einer Urkunde
–   Versorgungsordnung
–   Policenkopie
–   Arbeitsgrundlage
–   Produktinformationen
–   Dokumentationen
–   Übergabe der Urkunde mit Unterlagen durch den Arbeitgeber

8. *Finanzwirtschaftliche Auswirkungen für die Firma*

–   Besprechung der ersparten Lohnnebenkosten
–   monatlicher Gesamtbeitrag aller Arbeitnehmer, die eine Entgeltumwandlung ge-
    macht haben

............Euro x 12 = ... Euro
Ersparnis:rund 20,00 = ... Euro
abzüglich eventueller
Zuschusszahlung ./. ....Euro
Ersparnis jährlich: rund........................Euro
Ersparnis in fünf Jahren: rund ....Euro

Verwendung der ersparten Lohnnebenkosten

–   konkrete Investition im Betrieb (Chef-Firmenwagen)
–   Unternehmerrente
–   arbeitgeberfinanzierte betriebliche Altersversorgung, zum Beispiel für leitende
    Angestellte

9. *Übernahme der dauerhaften Kommunikation durch*

–   Servicezusage
–   Maklervertrag mit Servicezusage

Kernaussagen:

Die Vorgehensweise ist entsprechend der Firmengröße auszurichten.

Die Firma **beauftragt** den Verkäufer, die Verhandlung mit den Arbeitnehmern zu führen.

Mit der Empfehlung des Arbeitgebers zur betrieblichen Altersversorgung wird die Wichtigkeit des motivierenden Personalinstrumentes unterstrichen.

Wählen Sie auf Grundlage dieser Anregungen Ihren eigenen Erfolgsweg.

1.6 Kommunikation ist alles

Es ist vielfach so, dass die einfachsten und selbstverständlichsten Dinge übersehen und am wenigsten gemacht werden. So ist es offenbar auch mit der notwendigen Kommunikation zwischen Arbeitgeber und Arbeitnehmern. Nach einer Erstinformation, dem Gespräch mit einem Verkäufer und einem Meinungsaustausch unter Kollegen ist häufig der Informationsfluss erschöpft. Das ist die in vielen Fällen gängige Praxis.

Eine positiv gestaltete Kommunikation hat jedoch immer eine starke Motivationswirkung – und auf die kommt es an.

Ein Firmeninhaber hatte sich mit dem Thema der betrieblichen Altersversorgung nur befasst, weil er es musste. Es war für ihn eine Art Pflichtübung. Dabei war dem Firmeninhaber nicht klar, dass er durch die betriebliche Altersversorgung ein Konzept in der Hand hat, das die unternehmerischen und personalpolitischen Ziele unterstützt. Die Verhandlung mit dem Firmeninhaber war schwierig; sie führte nur zu einem positiven Ergebnis, nachdem abgestimmt worden war, dass die gesamte Kommunikation in ein Handlungskonzept eingebracht und durch Maklerauftrag bzw. Servicezusage (siehe Anlage 1 bzw. Anlage 2) die Durchführung der Kommunikation und die Informationspflichten organisiert wird.

Eine durchdachte Kommunikation betont die betriebliche Altersversorgung als ein dauerhaft wirkendes und motivationsförderndes Personalinstrument. Der Unternehmer erwartet als Serviceleistung die Unterstützung des Verkäufers bei der Schaffung einer möglichst großen Transparenz für Arbeitgeber und Arbeitnehmer, eine verwaltungsfreundliche Abwicklung und eine geringe Belastung durch Nebenkosten.

Kommunikation ist also das Salz in der Suppe!

Die unternehmerischen Ziele sind:

1. die Demonstration der arbeitsrechtlichen Fürsorgepflicht des Arbeitgebers gegenüber seiner Belegschaft,

2. die Festigung der unternehmerischen Zuversicht des Arbeitgebers im Hinblick auf die Zukunft; die Ausgestaltung und Sicherung der Arbeitsplätze (vor allem in wirtschaftlich schwierigen Zeiten),

3. Förderung der Zufriedenheit der Mitarbeiter/innen als „Wohlfühlfaktor".

Eine Hilfestellung ist unverzichtbar. Die Hilfestellung sieht die Zusammenarbeit mit dem Arbeitgeber in Bezug auf ein abgestimmtes **Durchführungskonzept vor.**

Es gibt zwei Phasen der Kommunikation:

1. Einrichtung oder Aktualisierung der betrieblichen Altersversorgung und

2. strukturierte und dauerhafte Informationen

Punkt 1: Einrichtung oder Aktualisierung der betrieblichen Altersversorgung

■ Festlegung der Versorgungsform und Tarifwahl.

■ Gestaltung einer Betriebsvereinbarung zwischen Arbeitgeber und Betriebsrat, wenn es sich um ein größeres Unternehmen handelt. Die Mitwirkung des Betriebsrates ist für die Verkaufsverhandlungen sehr bedeutungsvoll und sollte auf keinen Fall umgangen werden.

■ Erstellung einer Versorgungsordnung für jede Firma, die keinen Betriebsrat hat. Die Firmengröße spielt dabei keine Rolle. Auch Firmen mit einer kleineren Belegschaft sind einzubeziehen. Eine Versorgungsordnung gibt den Beteiligten die Einsicht in die Grundlagen der einzurichtenden oder der zu aktualisierenden betrieblichen Altersversorgung. Dies ist die Basis für eine richtig wirkende Ordnungsmäßigkeit.

Anregung:

Versorgungsordnung der Firma ....

Die Firma richtet zu Beginn .... 20.. eine betriebliche Altersversorgung in Form der Direktversicherung ein. Ziel ist es, Arbeitnehmern unserer Firma durch Steuerersparnisse und Abgabefreiheit der Sozialversicherungsbeiträge eine Altersversorgung kostengünstig zu ermöglichen.

1. Die betriebliche Altersversorgung durch Entgeltumwandlung erfasst alle Arbeitnehmer (einschließlich Auszubildende), die in der gesetzlichen Rentenversicherung pflichtversichert sind.

2. Die Rechtsgrundlage auf Entgeltumwandlung ist in § 1a des Gesetzes zur Verbesserung der betrieblichen Altersversorgung (BetrAVG) festgelegt. Danach hat jeder teilnahmeberechtigte Arbeitnehmer einen Rechtsanspruch auf Einrichtung einer betrieblichen Altersversorgung in Form der Entgeltumwandlung.

3. Die Höhe des Beitrages zur Entgeltumwandlung kann bis zu vier Prozent der gültigen Beitragsbemessungsgrenze in der gesetzlichen Rentenversicherung der Arbeiter und Angestellten betragen.

4. Die Versorgung durch eine Direktversicherung erfolgt durch den Arbeitnehmer eigenverantwortlich.

5. Die Versorgung durch Entgeltumwandlung wird bei Auflösung des Arbeitsvertrages beendet.

6. Bei einem eventuellen Ausscheiden des Arbeitnehmers aus der Firma wird die Versicherungsnehmerschaft entweder auf den Arbeitnehmer zur eigenen Fortführung oder auf den neuen Arbeitgeber übertragen.

7. Die Firma gibt vertragsbezogene Daten an den Arbeitnehmer weiter, sofern diese vom Versicherer zur Verfügung gestellt werden.

8. Die Firma übernimmt eine Zuschusszahlung in Höhe von .... Euro, sofern der Arbeitnehmer mindestens einen Beitrag in Höhe des Fünffachen des Zuschusses aufwendet.

9. Der Versicherer ist ....

Der zuständige Geschäftspartner ist Herr/Frau ...…

Adresse…………………………….., Tel. ………………………..

Dem Arbeitnehmer/in wird gestattet, unmittelbar mit

Herrn/Frau……………………………. Kontakt aufzunehmen.

Datum………………………..Firma…………………………..

◾ Vorträge bei einer größeren Gruppe ab ca. 30 bis 40 Teilnehmern. Die Teilnahme ist verpflichtend. Ein stärkeres Gewicht ist dann gegeben, wenn der Firmeninhaber oder ein Mitglied der Geschäftsleitung anwesend ist und eine positive Einschätzung zur betrieblichen Altersversorgung abgibt.

◾ Für Rückfragen von Arbeitnehmern ist in der Firma ein sachkundiger Mitarbeiter/in zuständig und bekannt gemacht worden. In der Regel ist dies ein Mitarbeiter/in, der die Personalbearbeitung oder die Gehalts- bzw. Lohnabrechnung vornimmt.

◾ Beilage zur Gehalts- und Lohnabrechnung

◾ Erstellung einer Urkunde der Firma.

Die Urkunde sollte ein Logo/Firmenzeichen der Firma aufweisen; der Urkunde können Unterlagen beigefügt werden. Die Überreichung der Urkunde macht einen guten Eindruck und unterstreicht die Wichtigkeit. Die Übergabe sollte durch den Firmeninhaber oder einer Führungskraft erfolgen.

Die zusammengestellten Unterlagen (Urkunden mit der Versorgungsordnung, der Policenkopie sowie Produktionsinformationen, weitere Dokumentationen und Beispielrechnungen) unterstreichen die Professionalität des Verkäufers. Sie verdeutlichen, dass der Verkäufer ein komplettes Durchführungskonzept hat. Im Folgenden wird eine Urkunde beispielhaft dargestellt.

URKUNDE

Fa. Mustergültig GmbH

Glücksheim

Frau/Herr ....

Betriebliche Altersversorgung gem.

§ 1a des Gesetzes zur Verbesserung der betrieblichen Altersversorgung (Betr.AVG)

Inhalt:

■ Versorgungsordnung vom .... 20.........

■ Kopie des Versicherungsscheines.

■ Produktinformation, Dokumentation der Beratung und dergleichen.

Fa. Mustergültig

....

Ort, Datum und Unterschrift der Geschäftsleitung

Punkt 2: Strukturierte und dauerhafte Informationen

Die notwendige dauerhafte Informationspflicht des Arbeitgebers ist bereits angesprochen worden. Es wird nochmals auf die Servicezusage und den Maklerauftrag (Anlage 1 und

2) hingewiesen. Wenn der Verkäufer die dauerhafte Information übernimmt, hat er einen ständigen Einfluss auf die Mitarbeiter. Zudem wird insbesondere die Kontaktherstellung zu neu eingetretenen Mitarbeiter/innen wesentlich erleichtert.

Der dauerhafte Kontakt bringt dauerhaftes Geschäft, weil der Verkäufer im Rahmen seines Services regelmäßige Informationen an die Firma und an alle teilnahmeberechtigten Arbeitnehmer weitergibt.

Zu den Informationen im Einzelnen:

- Ergänzung der betrieblichen Altersversorgung
- Erweiterung des Versicherungsumfanges (zum Beispiel bei Berufs-/ Erwerbsunfähigkeit)
- Veränderung von Rechtsgrundlagen
- Informationen des Versicherers zum Vertrag und zur Wertentwicklung
- Erhöhung der Beitragsmöglichkeit bei Veränderung der Beitragsbemessungsgrundlage zur gesetzlichen Rentenversicherung
- Neueinstellung von teilnahmeberechtigten Arbeitnehmern
- tarifliche Voraussetzungen
- usw.

Die Informationen erfolgen regelmäßig an die Firma und/oder an die teilnahmeberechtigten Arbeitnehmer und werden dokumentiert.

Kommunikationswege:

- Die ständige Besprechung von Informationen mit der Firma und den Arbeitnehmern ist die wirkungsvollste Kommunikation. Das gesprochene Wort verbindet und muss den Hauptteil der Kommunikation ausmachen. Gleichzeitig erhält der Verkäufer die Chance, von der Firma und den Arbeitnehmern akzeptiert zu werden.
- Aushang am Schwarzen Brett.
- Beilage zur Gehalts- und Lohnabrechnung.
- Informationsabfrage innerhalb der Firma durch Intranet.

Kernaussagen:

Kommunikation ist ein Motivationstreiber.

Ein konstruktives Durchführungskonzept steigert die Performance der betrieblichen Altersversorgung.

Die Serviceleistung des Verkäufers ist Ausdruck seiner Professionalität.

Die Servicezusage bzw. der Inhalt des Maklerauftrages sind für den Unternehmer eine wesentliche Hilfe.

2   Kontaktaufnahme zu Firmen

2.1   Unterschiedliche Wege zur Kontaktherstellung im Firmengeschäft

Für viele Verkäufer ist es schwierig und ungewohnt, systematisch neue Firmenkunden zu akquirieren. Die Neukundengewinnung ist jedoch unverzichtbar, da ansonsten die Gefahr besteht, dass der Kundenkreis stagniert oder gar rückläufig wird. Im Versicherungsbestand tritt immer wieder ein Schwund ein, der durch Ablauf von Verträgen, Konkurrenzeinflüsse, Insolvenzen, Geschäftsaufgabe usw. verursacht wird. Die Chance neue Kunden zu gewinnen, ist größer geworden. Die Kundenloyalität nimmt ab, da der Firmenkunde preisbewusster, kritischer, informierter und vergleichsbereiter geworden ist. Damit sind gute Voraussetzungen für die Kontaktherstellung gegeben. Es kommt jedoch sehr darauf an, welcher Kontaktweg zum potenziellen Kunden eingeschlagen wird. Die verschiedenen Möglichkeiten weisen unterschiedliche Wirkungen auf. Entscheidend ist der Praxiserfolg.

Ein Erstkontakt mit einer Firma muss dazu führen, dass

- sich persönliche Kontakte ergeben

- Geschäftschancen ausgelotet werden und

- sich eine Geschäftsbeziehung entwickeln lässt.

In der Finanz- und Versicherungsbranche kommt es selten vor, dass der Kunde sich meldet. Normalerweise ist es ist beinahe zwingend, dass sich der Verkäufer auf den zu gewinnenden Kunden hin bewegt und den Anstoß gibt. Wichtige Voraussetzungen hierfür sind:

- kaufmännische Cleverness

- Markt- und Branchenkenntnisse

- Bedeutung und Stellenwert der Sachthemen

- sowie Phantasie

Abbildung 2.1 stellt die marktmäßigen und erfolgreichen Möglichkeiten dar.

Abbildung 2.1 Voraussetzungen für eine erfolgreiche Kontaktaufnahme

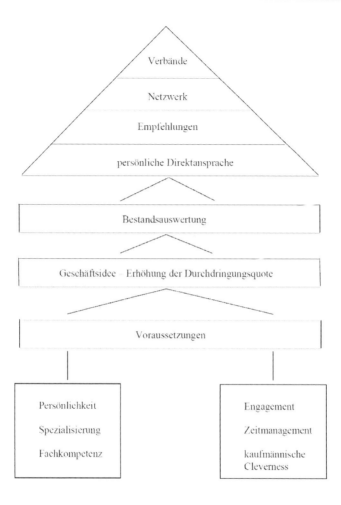

Abbildung 2.1 zeigt, dass es mehrere Schwerpunkte für die erforderlichen Voraussetzungen beim Verkäufer gibt. Es sind insbesondere die Persönlichkeit, die Spezialisierung und die kaufmännische Cleverness des Verkäufers, die neben der Fachkompetenz hervorstechen. Ausgangspunkt für eine erste Kontaktaufnahme ist die Präsentation einer zündenden Geschäftsidee – also hier die Rechtssicherheit mit einem kalkulatorischen Planungsfaktor für die zu berechnende Senkung der Lohnnebenkosten, die aktuell gewordene Haftungslage und die finanzwirtschaftlichen Auswirkungen. Diese Geschäftsidee ist der „Aufhänger" und macht stark.

Gehen Sie zunächst den leichteren Weg: Widmen Sie sich Ihren sogenannten Bestandskunden. Die Branche und Größe der Firma sowie die Art der Versicherung, die im Bestand ist, sind dabei unerheblich; es kann eine Kfz-Versicherung oder eine sonstige Versicherung sein. Ihre Kundenverbindung ist entscheidend. Eine schon eingerichtete betriebliche Direktversicherung durch einen anderen Wettbewerber ist ebenfalls nicht störend.

Der Erfolgsweg - vom Arbeitnehmer zum Arbeitgeber

Grundsatz: Jedes Gespräch mit einem Arbeitnehmer – gleichgültig, ob Interessent für eine Versicherung oder Bestandskunde im Privatkundengeschäft – ist eine prüfbare Geschäftschance zur betrieblichen Altersversorgung.

Das ist logisch und erfolgsträchtig. Trotzdem ist in der Praxis häufig keine systematische Strategie erkennbar. Der Verkäufer befürchtet, dass nach ausführlicher Besprechung und Abschlussneigung des Arbeitnehmers der in Frage kommende Arbeitgeber eigene und bestehende Verbindungen hat, der Abschluss nicht durchführbar ist und alsdann ein Mitbewerber das Geschäft macht. Das kommt nicht vor, wenn eine Vorgehensweise praktiziert wird, durch die man die Verhältnisse im betreffenden Unternehmen **vor** der Verhandlung mit dem Arbeitnehmer abklärt.

Entscheidend ist die Frage an den Arbeitnehmer: „Wo sind Sie beschäftigt und wie viele Mitarbeiter hat das Unternehmen?" Volltreffer, wenn die Antwort lautet: „Im Unternehmen Mittelstand, wir sind zehn Mitarbeiter." Dann sind sehr gute Ansatzpunkte für eine umfassende Altersvorsorge mit Einbezug der betrieblichen Möglichkeit gegeben.

Jetzt kommt es darauf an, vorab persönlichen, unmittelbaren Kontakt mit dem Unternehmen aufzunehmen und folgende Punkte zu klären:

- Besteht eine betriebliche Altersversorgung?
- Wenn ja: In welcher Form?
- Wird ein Antrag des Arbeitnehmers zur Entgeltumwandlung akzeptiert?
- Gibt es eine Chance zur Aktualisierung, um die Durchdringungsquote zu erhöhen?

Die Praxis zeigt, dass in der Regel in mittelständischen Betrieben keine Ablehnung erfolgt. In vielen Fällen haben zum Beispiel neu eingestellte Mitarbeiter eine Entgeltumwandlung mitgebracht, sodass mehrere Versicherer anzutreffen sind. Es gibt also keine Schwierigkeiten.

Es ist empfehlenswert, die Abklärung nicht telefonisch vorzunehmen, sondern ausschließlich durch ein persönliches Gespräch in den Geschäftsräumen mit dem Inhaber, dem Geschäftsführer, Mitarbeitern der Personalabteilung oder Lohnbuchhaltung.

Wer telefoniert, verliert!

Im persönlichen Gespräch wirkt Ihre Ausstrahlung, Kompetenz, Erfahrung, Spezialisierung und Ihre Geschäftstüchtigkeit als Unternehmer.

Für die beschriebene Strategie ist es unabdingbar, dass das Gespräch mit Offenheit und Klarheit geführt wird – also ohne taktische Umschreibungen oder gar trickreiche Redewendungen. Sagen Sie dem Arbeitnehmer zum Beispiel:

„Es gibt für Sie eine interessante Möglichkeit, Ihre Altersversorgung zu regeln, die ich aber zuerst mit Ihrem Arbeitgeber abklären muss. Wie heißt der Geschäftsinhaber oder wer macht die Lohnabrechnung?"

Sagen Sie dem Arbeitgeber zum Beispiel:

„Ich bespreche derzeit mit einem Ihrer Mitarbeiter die Altersversorgung und will die Möglichkeit einer Entgeltumwandlung über Ihr Unternehmen einbeziehen. Geht das in Ordnung?"

Das Gespräch lässt sich durch die schon angesprochenen Fragen erweitern. Sagen Sie zu, dass Sie durch die Vorlage eines Exposés (s. Anlage 3) alle Punkte auf den neuesten Stand bringen und schieben Sie so das Gespräch weiter an. Wird die Entgeltumwandlung akzeptiert, dann bestätigen Sie, dass Sie – und nicht der Arbeitnehmer – den Antrag vorlegen.

Anregung:

■ Prüfen Sie alle Anbahnungen mit Arbeitnehmern.

■ Selektieren Sie Ihre Bestandskunden nach Tätigkeit, Alter, Kundenkontakt und Arbeitgeber (soweit bekannt).

■ Erfragen Sie alsdann in einem Gespräch immer den Arbeitgeber.

Die Strategie ist in mittelständischen Betrieben – nicht in Großunternehmen – lohnenswert. Mittelständische Unternehmen beschäftigen insgesamt die meisten Mitarbeiter – und das ist eine Chance.

Der nächste Punkt: Welche Firmen sind durch Verbindungen bekannt und sind noch keine Kunden? Zum Beispiel: Bei welchen Firmen wird eingekauft? Welche Autohandelsfirma kommt in Frage? Es folgt dann die Gewinnung von neuen Firmenkunden.

Tabelle 2.1 zeigt Ihnen die Bewertung der Kontaktwege im Hinblick auf die Erfolgsaussichten, die sich erfahrungsgemäß ergeben.

Tabelle 2.1   Wege zur Neukundengewinnung

Wege zur Neukundengewinnung	Erfolgsaussichten
1. Versand von Werbeschreiben (Direct-Mailing-Aktionen)	gering

Wege zur Neukundengewinnung	Erfolgsaussichten
2. Telefonmarketing (zu beachten: § 7 Abs. 2 Nr. 2 UWG)	häufig nicht zufriedenstellend
3. Kontaktaufnahme durch Anschreiben oder Fax mit telefonischem Nachfassen (zu beachten: § 7 Abs. 2 Nr. 2 UWG)	etwas besser, jedoch auch nicht ergiebig
4. Besuch ohne Vorankündigung – Face-to-Face (persönliche Direktansprache)	sehr gut
5. Besuchsankündigung mit anschließendem Besuch	sehr gut
6. Ansprache mit Empfehlung eines Kunden, einer persönlichen Beziehung oder eines Verbandes usw.	ausgezeichnet
7. Ansprache eines neuen Kunden durch Kontakte aus einem Netzwerk	am besten

Es wird erkennbar, dass die Kontaktwege 4. bis 7. am Erfolg versprechendsten sind. In unseren Seminaren wird regelmäßig ein Praxistraining zur Ansprache neuer Firmenkunden durchgeführt. Die Ansprache der Firmen erfolgt ohne Termin oder sonstige Vorbereitung (zum Beispiel Anschreiben). Die Ansprecherfolgsquote beträgt regelmäßig zwischen 60 und 80 Prozent; das heißt:

■ Der ansprechende Verkäufer wird akzeptiert.

■ Für die weitere Verhandlung werden firmenspezifische Angaben erarbeitet und es werden gegebenenfalls Besprechungstermine vereinbart.

Dies trägt zur Motivation des Verkäufers bei.

Aus der Kombination der Kontaktwege – persönliche Direktansprache, Empfehlungen und Geschäftschancen aus Netzwerken – ergibt sich eine forcierte wirkungsvolle Neukundengewinnung im Firmengeschäft.[4]

---

[4] Vgl. Schumacher (2011).

Sofort-Aktionen

Notieren Sie sich Ihre Geschäftschancen:

1. Alle Firmen aus Ihrem vorhandenen Kundenkreis ohne Rücksicht auf die Größe und die vorhandene Versicherungsart (auch Kfz-Versicherung usw.).

    …………………………..…

    …………………………..…

    …………………………..…

2. Firmenkunden, bei denen ein Ehepartner mitarbeitet.

    …………………………..…

    …………………………..…

    …………………………..…

3. Firmen, mit denen Sie aus anderen Gründen Kontakt haben (Lieferanten, aus dem Freundeskreis usw.).

    …………………………

    …………………………

    …………………………

4. Betriebe, die Mitarbeiter suchen und einstellen (siehe Stellungsangebote in Tageszeitungen).

    …………………………

    …………………………

    …………………………

5. Firmen in Gewerbegebieten in einem Umkreis von bis zu 20 Kilometern.

    …………………………

    …………………………

    …………………………

Sie werden feststellen, dass eine Fülle interessanter Firmen ermittelt werden kann. Der Marktzutritt ist enorm und auswertbar. Je systematischer und nachhaltiger Sie vorgehen, umso größer ist der Erfolg.

> **Kernaussagen:**
>
> Der Firmenkunde ist für Neuigkeiten offen. Er ist bereit, erhaltene Informationen zu prüfen.

> Für eine systematische Markterfassung ist eine Auswahl geeigneter Firmen nach Zielgruppe und Örtlichkeit zwingend.

2.2 Vorbereitete persönliche Direktansprache

Mit unserem Praxistraining in unseren Seminaren zur Neukundengewinnung konzentrieren wir uns auf ein Gewerbegebiet, suchen die geeigneten Firmen aus und sprechen diese unmittelbar an. Die Ansprecherfolgsquote beträgt, wie bereits erwähnt, 60 bis 80 Prozent. Dieses Vorgehen kann durch eine gute Vorbereitung verbessert werden und ist dann leicht zu realisieren. Eine gute Vorbereitung macht sicherer und mutiger.

Am einfachsten ist es, einige Tage vor der Ansprache das entsprechende Gewerbegebiet aufzusuchen, die Firmen nach Erscheinungsbild, Größe und Zielgruppe auszuwählen und mit Adresse und sonstigen Erkenntnissen zu erfassen. Danach sucht man weitere Informationen im Internet. In der Regel sind folgende Angaben erfassbar:

- Firma
- Gründung der Firma
- Zuständigkeiten in der Geschäftsleitung
- Leiter der Personalabteilung
- Betriebszweck
- Umsatz der letzten Jahre
- Anzahl der Mitarbeiter

Diese wichtigen Angaben verhelfen zu fundierten Vorabinformationen. Darüber hinaus sind entsprechende Angaben aus Unternehmensverzeichnissen zu gewinnen. Interessant sind auch Veröffentlichungen in Zeitungen (zum Beispiel Geschäftslage, Jubiläen, Handelsregistereintragungen usw.) Handelt es sich bei der Firma um eine Aktiengesellschaft, so kann auch der veröffentlichte Geschäftsbericht angefordert werden.

Entscheidend ist, dass eine Firmenakte angelegt wird; am besten in einer Klarsichthülle, sodass bei der Ansprache die Arbeitsgrundlagen von dem Geschäftspartner erkannt werden können. Die Firmenakte signalisiert eine gute Vorbereitung, Interesse und Professionalität.

Eine Besuchsankündigung gehört ebenfalls zu den sinnvollen Vorbereitungsmaßnahmen. Es gibt Verkäufer, die sich wohlfühlen, wenn die persönliche Direktansprache durch eine Besuchsankündigung eingeleitet wird. Die Besuchsankündigung ist der erste Kontakt zur Firma und somit die Eintrittskarte in eine neue Kundenverbindung. Deshalb sollte sie mit viel Sorgfalt angefertigt werden.

Die Qualität der Adressauswahl und die gezielte Ansprache sind enorm wichtig. Die Besuchsankündigung muss auf alle Fälle den zuständigen Ansprechpartner erreichen, ansonsten wandert sie in den Papierkorb. Es bringt wenig, die Besuchsankündigung an die Firma ohne Nennung des Ansprechpartners oder allgemein an die Geschäftsleitung zu senden. Nur wenn die Besuchsankündigung konkret adressiert ist, wird sie beim Entscheider ankommen.

Es ist unerlässlich, den Geschäftsinhaber, den Geschäftsführer oder den Leiter der Personalabteilung ausfindig zu machen. Dazu können alle Informationsmöglichkeiten genutzt werden.

Rufen Sie bei der jeweiligen Firma an und erfragen Sie, wer für Personalfragen zuständig ist. Die Telefonvermittlung, die Sachbearbeiter/in, die Sekretärin werden Ihnen in der Regel eindeutige Auskünfte geben.

Beispiel:

Ich/wir habe/n eine Bitte: Ich/wir wollen Ihrer Firma gerne eine Information zusenden. Wer ist in Ihrer Firma für Personalangelegenheiten zuständig?

Antwort: Dies ist in unserer Firma Herr ABC

Wie ist der Vorname von Herrn ABC und welchen Titel hat er? Ist Herr ABC Geschäftsführer, Prokurist oder Abteilungsleiter?

Anschließend können Sie die Besuchsankündigung personalisieren, also zum Beispiel:

Firma

Mustermann

Herrn Dipl. Kaufmann Thomas ABC

Geschäftsführer

Hoffnungsstraße

00000 Glücksgemeinde

Das Schreiben kommt in der Regel an und löst folgende Reaktionen beim Empfänger aus:

– Welchen Nutzen bringt der angekündigte Besuch?
– Der Empfänger entscheidet in den ersten Sekunden, ob der Besuch interessant und wichtig ist.
– Es ist empfehlenswert keine Prospekte oder sonstige Werbeunterlagen beizufügen. Für den Fall, dass Sie auf die Informationspflicht des Arbeitgebers hinweisen wollen, so schlagen wir eine Anlage vor.

Fa.

Mustermann

Frau/Herrn (s. Internetausdruck oder telefonische Vorabklärung)

Hoffnungsstraße

00000 Glücksgemeinde

Informationspflicht des Arbeitgebers

Sehr geehrter Herr/Frau ....,

in Ihrer Firma besteht eine betriebliche Altersversorgung durch Entgeltumwandlung.

Hierzu haben sich wichtige Ergänzungen und Veränderungen ergeben.

Diese beziehen sich insbesondere auf die

        Auskunfts- und Informationspflicht,

des Arbeitgebers, wenn Sie von sich aus eine betriebliche Altersversorgung eingerichtet haben.

Gerne möchte ich Sie hierzu informieren. Ich werde Sie in den nächsten Tagen in Ihrer Firma kurz besuchen.

Ich freue mich auf unser Gespräch.

Mit freundlichen Grüßen

Anlage

Rechtsprechung: Urteil des LAG Hessen vom 27.07.2011; AG Freiburg, Urteil vom 16.08.2011

Es hatte jeweils ein ausgeschiedener Arbeitnehmer den betreffenden Arbeitgeber verklagt, um Schadensersatzansprüche geltend zu machen.

Die obigen Urteile haben übereinstimmend klargestellt, dass entsprechend dem Gesetz zur Verbesserung der betrieblichen Altersversorgung der Arbeitnehmer einen Rechtsanspruch an den Arbeitgeber hat, um eine betrieblichen Altersversorgung durch Entgeltumwandlung zu erhalten. Die Initiative geht vom Arbeitnehmer aus. Der Arbeitgeber hat daraufhin zu reagieren. Er hat gegenüber weiteren Arbeitnehmern keine Hinweis-, Informations- und Angebotspflichten. Dadurch übernimmt der Arbeitgeber keine Haftung. Das wird durch die oben genannten Urteile unmissverständlich betont. Ein Arbeitnehmer, der aus dem Unternehmen ausgeschieden ist, hatte den Arbeitgeber verklagt, um Schadensersatzansprüche geltend zu machen, weil die Arbeitnehmer vom Arbeitgeber nicht informiert worden sind. Die Klagen wurden abgewiesen.

Eine andere Rechtswirkung entsteht jedoch, wenn der Arbeitgeber von sich aus (oder tarifvertraglich vereinbart) eine betriebliche Altersversorgung einrichtet. Hierzu hat der Arbeitgeber Anlass, um die betriebliche Altersversorgung als ein wirksames personalpolitisches Instrument einzusetzen, mit der Möglichkeit, die Lohnnebenkosten zu senken. Hier erfolgt eine betriebliche Altersversorgung im Rahmen der arbeitsrechtlichen Fürsorge unter Beachtung des Grundsatzes der Gleichbehandlung aller Arbeitnehmer. Der Arbeitgeber hat durch dieses Vorgehen eine Hinweis-, Informations- und Angebotspflicht sowie die sich daraus ergebenden Haftungen ggf. zu tragen. Bei Einrichtung einer betrieblichen Altersversorgung wird diese Verpflichtung durch einen Vortrag, durch einen Aushang am Schwarzen Brett, die Gestaltung einer Versorgungsordnung bzw. mündliche oder schriftliche Darstellung begründet.

Zur Rechtssicherheit und als Beweissicherung ist es zweckmäßig, wenn jeder Arbeitnehmer ausführlich informiert wird und bei Ablehnung einer Entgeltumwandlung eine Erklärung zur Enthaftung des Arbeitgebers und zum Verzicht auf weitere Informationen abgibt. Diese Enthaftungserklärung ist der Personalakte beizufügen.

In der Praxis zeigt sich, dass nach Einrichtung der betrieblichen Altersversorgung Versäumnisse bzw. Lücken entstehen, insbesondere bei der Einstellung neuer Mitarbeiter. Es ist deshalb unbedingt notwendig, eine Aktualisierung der betrieblichen Altersversorgung vorzunehmen und dabei alle Mitarbeiterinnen und Mitarbeiter des Unternehmens zu erfassen. Es geht dabei um die Erhöhung eines möglichen Beitrages von einem Arbeitnehmer, der eine betriebliche Altersversorgung abgeschlossen hat., um Arbeitnehmer, die bisher eine solche abgelehnt haben, aber inzwischen zu einer besseren Entscheidung gekommen sind und insbesondere um neu eingestellte Mitarbeiter. Hier ist eine Haftungsgefahr gegeben. Eine sorgfältige Aktualisierung ist eine besondere Vorbeugung für die Haftung des Arbeitgebers.

Die Besuchsankündigung ist auch für den Verkäufer von Vorteil. Er ist auf die persönliche Direktansprache positiver eingestellt und ist auch verpflichtet, den Besuch tatsächlich auszuführen. Ein Nachteil ist dagegen, dass der Empfänger selbstständig entscheidet, ob er den Besuch möchte oder nicht: Der Verkäufer kann auf die Entscheidung keinen Einfluss nehmen. Es kommt deshalb auch vor, dass telefonisch oder schriftlich eine Benachrichtigung erfolgt und der Besuch abgelehnt wird. Häufig kommt es auch vor, dass das

Schreiben mit der Besuchsankündigung nicht auffindbar ist oder sich der Empfänger nicht an das Schreiben erinnern kann. Doch wie auch immer: Sie können sich trotzdem auf das Schreiben berufen.

Kernaussagen:

Eine gut vorbereitete persönliche Direktansprache ist Erfolg versprechend.

Die Besuchsankündigung ist die Weichenstellung für ein geplantes und selbstverpflichtendes Vorgehen.

Die Vorbereitung der persönlichen Direktansprache hat eine Ausdehnung des Kundenkreises im Blick und bringt Ihre Agentur/Ihren Versicherungsmaklerbetrieb auf Wachstumskurs.

2.3   Die persönliche Direktansprache ist ein treffsicherer Erfolgsfaktor

Wer die persönliche Direktansprache favorisiert, systematisiert und gekonnt anwendet, hat eine erfolgsstarke Öffnung des Marktes und eine hohe Marktakzeptanz. Interessant ist die Erkenntnis, dass man nur ganz selten in einer Firma darauf hingewiesen wird, dass ein Wettbewerber bereits eine Ansprache direkt vorgenommen hat – telefonisch ja; jedoch nicht durch einen Besuch in der Firma. Es ergibt sich ein Alleinstellungsmerkmal. Man fällt auf dem Markt auf, wenn man etwas anders macht als andere.

Die persönliche Direktansprache ist eine überlegte, durchdachte und erfolgreiche Strategie, die sich nicht durch aggressives Verhalten, sondern durch Offenheit und Professionalität auszeichnet.

Die Wirkung der persönlichen Direktansprache basiert zu:

- 55 Prozent auf der Persönlichkeit. Es wird Erfolg, Kompetenz, Souveränität und Glaubwürdigkeit ausgestrahlt. (Persönlichkeitssignal).
- 38 Prozent auf der Sprache (Sprachsignal).
- Und nur zu 7 Prozent auf Fachwissen (Fachsignal).

Für jeden Angesprochenen ist die persönliche Direktansprache eine geschäftsfördernde Begegnung mit neuen Ideen, Vorschlägen und Informationen. Bei der Erhöhung der Durchdringungsquote sind die Aktualisierung der betrieblichen Altersversorgung und Hinweise auf Haftungsfragen des Arbeitgebers interessante und zündende Informationen.

Der Angesprochene weiß, dass er von den Hinweisen profitiert und kann entscheiden, ob er daraus einen Nutzen zieht und handeln muss oder nicht. Der Verkäufer stößt also auf eine positive Grundeinstellung. Diese Haltung wird noch dadurch unterstützt, dass jedes Unternehmen etwas herstellt, das verkauft werden muss oder etwas eingekauft wird, das weiterzuverkaufen ist. Dadurch entsteht eine gute geschäftliche Atmosphäre.

2.3.1 Unternehmerische Ebenbürtigkeit zu dem Gesprächspartner

Tritt ein Verkäufer als Vertreter auf, so wird er als Vertreter erkannt und wird auch so behandelt. Tritt der Verkäufer als Unternehmer auf, so wird er auch so erkannt und akzeptiert! Diese Erkenntnis ist entscheidend und bringt Ebenbürtigkeit zwischen dem unternehmerisch auftretenden Verkäufer und dem angesprochenen Unternehmer. Das setzt voraus, dass unternehmerisch gedacht, gesprochen und gehandelt wird.

Der Verkäufer entscheidet, ob er als Vertreter oder Unternehmer auftreten will. Die Einstellung, ein Unternehmer zu werden, beginnt im Kopf und erfordert einen Entwicklungsprozess. Am wichtigsten ist jedoch der Wille. Zudem muss man sich darüber im Klaren sein, dass dies auch eine Persönlichkeitsveränderung einschließt. Jeder Vertreter will weg vom Vertreterimage, vom Vertretergetue bzw. -gehabe und vom Vertretergefasel.

Es ist wichtig, dass sich der unternehmerische Verkäufer in dieser Rolle wohlfühlt. Dadurch sind auch seine Erfolgschancen größer. Die Ebenbürtigkeit mit dem Unternehmer wirkt auch auf angesprochene Mitarbeiter/innen einer Firma sehr positiv.

> **Kernaussagen:**
>
> Ebenbürtigkeit ist Trumpf.
>
> Verstehen Sie sich als Unternehmer.
>
> Suchen Sie als Unternehmer eine positive Ausstrahlung.
>
> Informationen zur betrieblichen Altersversorgung und zu Haftungsfragen des Arbeitgebers erhalten dadurch ein stärkeres Gewicht.

2.3.2 Auftreten und Sprache als Unternehmer

Der angesprochene Firmeninhaber, Geschäftsführer oder leitende Angestellte (zum Beispiel der Personalchef) sieht Sie, hört Sie und kann beurteilen, was Sie sagen.

Aus diesen Gründen sind das Erscheinungsbild, das selbstsichere und dynamische Auftreten sowie die Ausstrahlung der Persönlichkeit des unternehmerisch auftretenden Verkäufers außerordentlich entscheidend. In den ersten Sekunden wird zwischen Erfolg oder Nichterfolg entschieden. Der erste Eindruck muss ein Volltreffer sein! Es spielt keine Rolle, ob eine kleinere, mittlere oder größere Firma angesprochen wird, es wird immer die Korrektheit in Person, Kleidung und Darstellung erwartet: Banker- bzw. Business-Look ist Trumpf!

Demonstrieren Sie, dass Sie Unternehmer sind. Vermeiden Sie deshalb die antrainierte Vertretersprache mit dem Hauch von Unterwürfigkeit, wählen Sie stattdessen den natürlichen kaufmännischen Gesprächsstil. Legen Sie die Bittstellerrolle ab, die durch die Vertreteransprache erst entsteht und verstärkt wird.

Die Erstansprache in einer Firma sollte folglich **nicht** so ablaufen:

- „Schönen guten Tag, Herr …... mein Name ist Schumacher, Hans- Georg Schumacher von der XY, ich möchte Sie gerne beraten und zwar zur betrieblichen Altersversorgung. Hier haben Sie möglicherweise die Chance, Lohnnebenkosten deutlicher als bisher zu senken. Ich möchte Ihnen das alles einmal erklären. Wann ginge es bei Ihnen am besten? Wäre der Dienstag oder Donnerstag in der nächsten Woche jeweils 10 Uhr recht?"

oder

- „Schönen guten Tag, mein Name ist Schumacher, Hans-Georg Schumacher von der XY, spreche ich mit Herrn … persönlich? Ich komme heute zu Ihnen, um Sie in Fragen der betrieblichen Altersversorgung zu beraten. Das dürfte für Sie wichtig sein, denn im Hinblick auf die Haftung aus der Informationspflicht sind Faktoren interessant, die das Risiko für Sie abmildern würden. Dazu möchte ich Sie gerne beraten. Wann ginge es bei Ihnen?"

oder

- „Schönen guten Tag Herr …... mein Name ist Schumacher, Hans-Georg Schumacher von der XY… Ich würde Sie gerne zur betrieblichen Altersversorgung beraten und Ihnen in diesem Zusammenhang erläutern, wie Sie eine gesteigerte Senkung der Lohnnebenkosten erreichen können. Ist das für Sie interessant?"

Der Kunde kann auf diese Frage seine Einwände vorbringen, zum Beispiel:

- Habe ich schon.

- Ich bin nicht daran interessiert.

- Ich habe keine Zeit.

- Die Mitarbeiter wollen das nicht.

- Die Mitarbeiter haben kein Geld dafür.

- Bei den wenigen Mitarbeitern lohnt sich das nicht.

Die skizzierten Ansprachen sind leider gängige Praxis und in der Regel nicht erfolgreich. Besser ist die folgende Formulierung:

- „Guten Tag, Schumacher,

- ich bin Inhaber einer Versicherungsmaklerfirma in ….

- ich bin Geschäftsführer der Versicherungsmakler-GmbH in ….

- ich bin Inhaber eines Agenturbetriebes der XY-Gesellschaft in ….

  Es geht um die Aktualisierung Ihrer betrieblichen Altersversorgung, die Sie in Ihrer Firma haben. Hierzu einige Hinweise, die für uns als Unternehmer wichtig sind. Ziele sind die Verringerung des Haftungsrisikos und eine gleichzeitige stärkere Senkung der Lohnnebenkosten. Das ist für Ihre Firma genauso wichtig für meine Firma."

Zwei Punkte sind bei dieser Erstansprache betont worden.

1. Der mögliche Einwand, dass eine betriebliche Altersversorgung schon besteht, wird vorweggenommen und kann nicht mehr vom Kunden gebracht werden.

2. Es wird die Ebenbürtigkeit beider Gesprächspartner als Unternehmer betont.

Die Erstansprache ist die beste Chance, sich unmittelbar als Unternehmer zu präsentieren.

Grundsatz ist: Je offener, je direkter und je natürlicher Sie sind, desto besser kommen Sie an. Auf diese Weise wird die persönliche Direktansprache zu einer erstklassigen Erfolgsstrategie.

Offenheit

Durch Offenheit erzeugen Sie Glaubwürdigkeit. Jede Abweichung oder jede Umschreibung weicht von dem Leitsatz der Klarheit und Wahrheit ab und wird negativ wahrgenommen. Kein Mensch lässt sich für dumm verkaufen. Deshalb ist die Einstellung des Verkäufers als „Nur"-Berater, Consultant usw. ein Mäntelchen, das die Persönlichkeitsschwäche des Verkäufers zudecken soll und gleichzeitig eine Herabstufung der Tätigkeit.

Folgender Tipp bewährt sich vor allem in schwierigen Situationen sowie in krisenhaften Finanz- und Wirtschaftslagen immer wieder: Stellen Sie neben Ihrer Fachkompetenz auch Ihre Kompetenz der offensiven Redlichkeit unter Beweis! Verbinden Sie letztere Kompetenz mit Ihrer Persönlichkeit als Unternehmer und Sie gewinnen mit Ihrer offenen und sympathischen Ausstrahlung.

Direktheit

Kommen Sie mit Ihrer eigenen unternehmerischen Erfolgsprache direkt auf den Punkt. Sagen Sie sofort und ohne Umschweife, was für den Angesprochenen interessant und wichtig ist. Dadurch geben Sie Ihrem Gesprächspartner die Chance, sich sofort zu entscheiden, ob Ihre Ansprache für ihn sinnvoll ist und ob Ihre Persönlichkeit akzeptiert wird. Keine Gesprächsmöglichkeit und kein Ergebnis erreichen Sie in der Regel, wenn Sie mit Vertretermentalität und Beratungsfimmel die Fachkompetenz auf hohem Niveau zelebrieren und den Angesprochenen mit einer Fülle von Fachausdrücken überschütten. Die Kommunikationsbereitschaft friert ein. Die Direktheit hat dagegen etwas Verblüffendes.

Natürlichkeit

Natürlichkeit und normales Verhalten sind besser als jede gespielte Rolle. Ein Unternehmer will immer erkennen, auf welcher Ebene die Musik gespielt wird. Ist der Ansprechende ein Vertretertyp oder ist er in seiner Darstellung als Unternehmer authentisch? Wird unternehmerisch gedacht, gesprochen und gehandelt? Er will kein Vertretergetue. Natürlichkeit ist und bleibt Trumpf.

Noch bevor Sie mit der Ansprache beginnen, fragt sich der Anzusprechende intuitiv, wen er vor sich hat. Er fragt sich: „Wer ist das? Woher kommt er? Was will er?" Das ist selbstverständlich und zeigt, dass unser Gegenüber neugierig ist. Das ist unser Ansatz und wir stellen uns dementsprechend vor. Wir sagen:

1. wer wir *sind*

2. was wir *machen* und

3. was wir *bringen*.

Dies hört sich dann folgendermaßen an:

„Guten Tag, Schumacher (1), ich bin Inhaber einer Versicherungsmaklerfirma (2), wir haben uns auf mittelständische Firmen spezialisiert; es geht um eine Information (3) zu Haftungsrisiken aus der betrieblichen Altersversorgung Ihrer Firma. Hierzu gibt es gute Lösungen, die das regeln."

Formulieren Sie Ihre eigene Ansprache, mit der Sie sich identifizieren und die authentisch ist.

1. Anrede

....

....

....

2. Firma und Firmenzweck

....

....

....

3.Was bringen Sie der Firma? (zum Beispiel Informationen, konkreter Nutzen, Chancen; siehe Anlage 1 oder 2)

....

....

....

Nehmen Sie sich für die Vorstellung Ihrer Person und Ihrer Arbeit Zeit. Es ist wichtig, dass Sie sich damit wohlfühlen.

Kernaussagen:

Offenheit erzeugt Glaubwürdigkeit.

Direktheit gibt Ergebnissicherheit.

Natürlichkeit ist und bleibt Trumpf.

Unternehmerische Erfolgssprache ist erlernbar.[5]

2.3.3   Zielfähigkeit und Zielerreichung

Die wichtigste Erfolgsstrategie für die persönliche Direktansprache ist die nicht zu verlierende Zielfestigkeit. Diese gibt Ihrer Ansprache die notwendige Stabilität und Orientierung. Wenn Sie Ihr Ziel festgelegt haben, ist Ihre Chance groß, die Ansprache in die gewünschte Richtung zu lenken und das Ergebnis zu erreichen. Natürlich wirkt Ihre Ansprache dadurch etwas zielbestimmend. Konkrete Zielpunkte, die erreicht werden können, steigern jedoch Ihre Motivation.

Die wesentlichen Erfolgsfaktoren sind die folgenden Fragen:

- Was will ich erreichen? (Ziel)

- Wie erreiche ich das? (Strategie)

- Mit was erreiche ich es? (Taktik)

Neben der Ausrichtung auf Ziel, Strategie und Taktik ist Ihre Initiative in der Gesprächsführung ein Erfolgsgarant. Sie sind und bleiben Gesprächsführer. Die Erstansprache muss dazu führen, dass mit Informationen der Firma die nachfolgende Besprechung mit einer Arbeits- oder Gesprächsvorlage vorbereitet werden kann. Es muss eine Verhandlungsbasis gegeben sein.

Folgende Zielfragen sind wichtig:

1. Wie viele Mitarbeiter hat die Firma?

2. Wie viele Mitarbeiter haben bis jetzt eine Entgeltumwandlung gemacht?

3. Welcher Durchführungsweg wurde gewählt? Wer ist der Versorgungsträger (Pensionskasse, Versicherer)?

4. Sind bisher Informationen an die Belegschaft gegeben worden?

5. Besteht eine Haftungsbefreiung bei Nichtannahme des Angebotes und zur dauerhaften Information?

6. Wann kann die Arbeitsvorlage besprochen werden (Termin)?

Freuen Sie sich, wenn Sie diese Informationen bei Durchführung der Erstansprache erhalten, denn damit haben Sie ein Etappenziel erreicht und können anfangen, die Anbahnung vertieft zu bearbeiten.

---

[5] Vgl. Schumacher (2011).

> **Kernaussagen:**
>
> Erreichbare und konkrete Ziele sind motivierend.
>
> Zielfähigkeit und Zielfestigkeit sind unverzichtbare Erfolgsfaktoren.

2.4 Gesprächsleitfaden für die persönliche Direktansprache

Es ist selbstverständlich, dass sich der ansprechende Verkäufer vor der persönlichen Direktansprache fragt, was er wie sagen wird, wie er wirkt und insbesondere, ob das definierte Ziel erreicht werden kann. Zu einem Scheitern kommt es, wenn das Vorgehen nicht ausreichend durchdacht und vorbereitet wurde.

2.4.1 Ein Gesprächsleitfaden bringt Stabilität und Erfolg

Ein Gesprächsleitfaden ist ein festes Fundament, weil dadurch Ängste, Nervosität und Hemmungen abgebaut werden; er macht stressresistent, gibt Sicherheit, Selbstvertrauen und macht mutig. Die wichtigste Aufgabe ist, sich auf das definierte Ziel zu konzentrieren und den Willen zu forcieren, das gesetzte Ziel auch zu erreichen. Der Angesprochene hat dadurch den Eindruck, dass der unternehmerische Verkäufer kompetent, professionell und erfahren ist. Dies ist mit Sicherheit der Fall, wenn der Gesprächsleitfaden regelmäßig eingesetzt, immer wieder verbessert und geschliffen und er dadurch noch stärker mit der Sprache und Persönlichkeit des unternehmerischen Verkäufers verbunden wird. Mithilfe eines Gesprächsleitfadens gelingt es eher, Floskeln, Phrasen und sonstigen Sprachmüll zu vermeiden und stattdessen griffige Formulierungen zu finden, die ankommen. Es ist gerade die individuelle Sprache, die beim Kunden/Interessenten zum Erfolg führt. Deshalb ist der Inhalt des Gesprächsleitfadens kein Gedicht, das brav auswendig gelernt und aufgesagt wird.

Eine persönliche Direktansprache wird in drei Phasen aufgeteilt:

- ■ Phase 1:   Zielerreichung wird festgelegt
- ■ Phase 2:   Weitergehende Informationen werden genannt
- ■ Phase 3:   Das unternehmerische Gespräch unter Geschäftsfreunden findet statt.

2.4.2   Strukturierter Gesprächsleitfaden

Betriebliche Altersversorgung - Entgeltumwandlung

- ■ Phase 1:

    - **Vorstellung als Unternehmer:** ohne Floskeln, Phrasen und Sprachmüll
    - **Vorwegnahme des Einwandes:** Hinweis auf die bestehende betriebliche Altersversorgung
    - **Hinweis auf Informationen:** Dauer nicht länger als vier Minuten
    - **Aufreiß-Artikel**: Informationen zu Rechtssicherheit, Info-Pflicht, Enthaftung, Senkung der Lohnnebenkosten, wenn das Unternehmen von sich aus eine bAV eingerichtet hat
    - **Arbeitsvorlage**
    - **Zielfragen:** Wie viele Mitarbeiter werden beschäftigt? Wie viele Entgeltumwandlungen bestehen bereits?
    - **Besprechung der Arbeitsvorlage:** zusammensetzen, gemeinsam besprechen und prüfen
    - **Termin**
    - **Geschäftskarte**: Geschäftskarte und Erst-Info

- ■ **Phase 2:** Zusätzliche Ansprechpunkte zur Vertiefung des Kontaktes.

    - **Verfügbarkeit**: Wie kann man erreicht werden?
    - **Präsentation der Versicherungsmaklerfirma/des Agenturbetriebs:** Spezialisierung zum Beispiel auf mittelständische Betriebe, Gründung der Firma usw.
    - **Registrierung:** Registernummer beim Deutschen Industrie- und Handelskammertag (Berlin) und Mitglied der IHK
    - **Bestehender Versicherungsschutz:** Wo und wie sind Werte der angesprochenen Firma versichert?

- ■ **Phase 3:** Wenn Sie das Gespräch erweitern wollen, sind Fragen zur Wirtschaftslage angebracht.

    - **Marktlage**: Wirtschaftsgeschehen
    - **Branchenmäßige Aktualität:** Besonderheiten der Branche

2.4.3   Gesprächsleitfaden zur Erstansprache

Betriebliche Altersversorgung - Entgeltumwandlung
(ohne Besuchsankündigung)

1. Guten Tag, Herr ...., Schumacher, ich bin

    - Inhaber einer Versicherungsmaklerfirma in ....
    - Inhaber eines Agenturbetriebes in .... und habe mich auf mittelständische Firmen spezialisiert.

2. Es geht um die Aktualisierung Ihrer betrieblichen Altersversorgung, die Sie haben (Vorwegnahme eines möglichen Einwandes).

3. Hierzu eine kurze Aussage in vier Minuten.

4. Es sind drei Informationen:

   – Es besteht jetzt Rechtssicherheit für die Abgabefreiheit von Sozialversicherungs- beiträgen; das ist ein stabiler Planungsfaktor.
   – Wir haben als Unternehmer eine Auskunfts- und Informationspflicht; die ist un- abwendbar und – wir brauchen deshalb eine Enthaftung, auch zur Informations- pflicht.
   – Wichtig ist außerdem, dass mehr Lohnnebenkosten als bisher gesenkt werden.

5. Ich mache hierzu zunächst in meiner Firma für unser nächstes Gespräch eine Arbeits- vorlage und nehme in diesem Zusammenhang auch auf die Auswirkungen zur Sen- kung der Lohnnebenkosten, die sich für Ihre Firma ergeben, Bezug.

6. Deshalb folgende Fragen:

   – Wie viele Mitarbeiter beschäftigen Sie?
   – Wie viele haben eine Entgeltumwandlung?
   – Konnten Sie in der Vergangenheit Informationen an die Mitarbeiter geben?

7. Ich arbeite das in meiner Firma aus, dann setzen wir uns zusammen, besprechen es und prüfen gemeinsam.

8. Geht es bei Ihnen nächsten Donnerstag, 10.00 Uhr?

9. Haben Sie für mich eine Geschäftskarte?

10. Ich gebe Ihnen auch meine Karte und eine Information zu meiner Firma.

    Meine Firma ist in der IHK …. registriert.

2.4.4   Gesprächsleitfaden bei Besuchsankündigung

Gesprächsleitfaden zur Erstansprache

Betriebliche Altersversorgung – Entgeltumwandlung (Ansprache mit Besuchsankündi- gung)

„Guten Tag, Herr ………………… Schumacher, ich bin Inhaber einer Versicherungs- maklerfirma in …, Inhaber eines Agenturbetriebes in …, und habe Sie in den letzten Tagen angeschrieben.“

(Sie zeigen Ihr Schreiben bzw. Ihre Besuchsankündigung)

„Es geht um ………………………“

Anschließend folgen die Punkte 2 bis 10 des ausführlichen Gesprächsleitfadens.

2.4.5 Gesprächsleitfaden bei bestehenden Firmenkunden

Gesprächsleitfaden zur Kundenansprache

Betriebliche Altersversorgung – Entgeltumwandlung (keine Besuchsankündigung)

„Guten Tag Herr …, wir kennen uns. Ich freue mich, dass Sie die …. Versicherung bei meiner Firma haben. Es geht um …………………"

Anschließend folgen die Punkte 2 bis 10 des ausführlichen Gesprächsleitfadens.

2.4.6 Eigener Gesprächsleitfaden für die unmittelbare persönliche Direktansprache

Der Ausgangspunkt für Ihren Erfolg ist die Freude, etwas selbst zu gestalten und spontan das aufzuschreiben, was Ihnen jetzt einfällt. Das ist dann Ihr Werk. Seien Sie neugierig und gespannt, welche Wirkung Sie damit erzielen.

Eigener Gesprächsleitfaden

■ Phase 1:

- – Vorstellung als Unternehmer
- – Vorwegnahme eines möglichen Einwandes
- – „Aufreiß"-Artikel/Informationen
- – Arbeitsvorlage
- – Zielfragen
- – Besprechung der Arbeitsvorlage
- – Besprechungstermin
- – Geschäftskarte und Erst-Info

■ Phase 2:

- – Verfügbarkeit
- – Marktsituation
- – bestehende Grundlagen zur betrieblichen Altersversorgung

■ Phase 3:

- – Marktlage
- – Aktualitäten
- – usw.

> Kernaussagen:
>
> Eine persönliche Direktansprache ist eine Zielansprache.
>
> Mit Zielfestigkeit erreichen Sie das vorgegebene Ziel.
>
> Ein Gesprächsleitfaden bringt Standfestigkeit, Sprechsicherheit. Er ist der Wegweiser für Ihren Erfolg.

2.5   Einwände

In der Erstansprache zur Erhöhung der Durchdringungsquote kommen Einwände nicht häufig vor: Der Unternehmer hat ein großes Interesse, die Lohnnebenkosten zu senken.

Einwände sollten nicht zu Diskussionen oder gar Streitgesprächen führen. Betrachten Sie Einwände als kleine ausräumbare Steinchen auf dem Weg zum Ziel. Deshalb ist die besprochene Zielfestigkeit so wichtig. Die persönliche Direktansprache ist keine Verhandlung zum Verkauf, sondern ein Zielgespräch, um verkaufen zu können.

Wir unterscheiden zwei Gruppen von Einwänden: die Einwände von Arbeitgebern und die Einwände von Arbeitnehmern.

Einwände der Arbeitgeber

1. *Betriebliche Altersversorgung ist bereits vorhanden.*

   – Das ist eine gute Entscheidung. Deshalb sind drei Informationen für Sie wichtig:

     1. Rechtssicherheit zur Abgabefreiheit der SV-Beiträge
     2. Die Informationspflicht für Sie als Arbeitgeber
     3. Eine Enthaftung durch Verzicht auf Informationen

   Ich mache zunächst in meiner Firma eine Arbeitsvorlage und komme erst dann wieder auf Sie zu.

2. *Die Mitarbeiter wollen das nicht. Es sind nur drei Mitarbeiter, die es gemacht haben.*

   – Das ist zu wenig; da kann ich Ihnen helfen. Wir erreichen eine wesentlich höhere Akzeptanz. Dann ist es für Sie wichtig, dass dadurch die Senkung der Lohnnebenkosten deutlich erhöht wird. Ich mache zunächst eine Arbeitsvorlage.

3. *Die Mitarbeiter wollen das nicht, weil sie kein Geld haben.*

   – Wir sind ein Volk von „Schnäppchen-Jägern". Wenn 100,00 Euro aufgewendet werden, dann hat ein 35-Jähriger lediglich 44,24 Euro aufzubringen. Das ist eine Ermäßigung von mehr als 50 Prozent. Ich mache zunächst eine Arbeitsvorlage.

4. *Man weiß nicht, wie sich die wirtschaftliche Situation entwickelt. Es sieht nicht gut aus.*

   – Richtig; das gilt für Ihre Firma und für meine Firma gleichermaßen. Ein solches Angebot für die Mitarbeiter macht jedoch Mut und zeigt, dass wir als Unternehmer zuversichtlich sind und die Situation meistern. Für die Mitarbeiter wirkt das motivierend. Ich mache zunächst eine Arbeitsvorlage.

Einwände der Arbeitnehmer

1. *Ich habe kein Geld.*

   – Sie haben schon gelesen oder gehört, dass die spätere Rente aus der gesetzlichen Rentenversicherung nicht ausreicht und in die Altersarmut führt. Der Aufwand für eine Regelung ist nicht hoch, sondern ist mit rund 50 Prozent Rabatt geradezu ein „Schnäppchen". Setzen wir uns zusammen und reden darüber.

2. *Ich habe schon eine Versicherung.*

   – Das ist eine gute Entscheidung. Reden wir darüber, wie der Beitrag gesenkt werden kann; zum Beispiel durch eine Umwandlung oder auch durch Beitragsersparnisse aus anderen Versicherungen.

3. *Ich bin nicht daran interessiert.*

   – Es ist für Sie und Ihre Kollegen wichtig. 2,6 Millionen Rentner sind von der Altersarmut betroffen. Ihre Gründe interessieren mich.
   – Ich muss trotzdem mit Ihnen sprechen, weil ich von Ihrem Arbeitgeber beauftragt worden bin.

> Kernaussagen:
>
> Mit Einwänden will der Angesprochene das Gespräch als nicht interessant abtun und beenden.
>
> Bleiben Sie zielfest und erreichen Sie das Zielergebnis.

2.6 Die weitere Verhandlung

2.6.1 Firmenanbahnungsakte

Das Firmengeschäft muss professionell betrieben und demonstriert werden. Legen Sie eine Firmenanbahnungsakte an, wenn Ihre persönliche Direktansprache erfolgreich war und Sie die selbst gesetzten Ziele erreicht haben. Ihre Kompetenz, Ihr Engagement und Ihre Reaktionsfähigkeit sind jetzt gefragt. Die erneute Kontaktaufnahme mit Ihrem Gesprächspartner muss innerhalb von zehn Tagen erfolgen.

Folgende Unterlagen gehören in Ihre Firmenanbahnungsakte:

1. Geschäftskarte des Gesprächspartners der angesprochenen Firma

2. Bericht zur Firmenanbahnung

3. Internetausdruck zu Informationen über die Firma

4. Eventuell Presseveröffentlichungen, Prospekte

5. Besuchs- bzw. Terminbestätigung

6. Gesprächs-/Arbeits-/Verhandlungsvorlage (siehe Anlage 3)

Die Firmenanbahnungsakte ist damit die Arbeitsgrundlage für die Folgeverhandlung und macht auf Ihren Gesprächspartner einen positiven Eindruck, weil erkennbar wird, dass Sie gut vorbereitet sind und dadurch die Verhandlung fundiert ist.

2.6.2   Bestätigung des Besprechungstermins bzw. des Besuches

Sehr professionell wirken Sie, wenn Sie nach durchgeführter persönlicher Direktansprache die Firma anschreiben.

1. Terminbestätigung

Anregung:

Verbesserte Senkung der Lohnnebenkosten – Entgeltumwandlung

Sehr geehrter Herr…………………..,

herzlichen Dank für das konstruktive Gespräch zur Senkung der Lohnnebenkosten durch eine Erweiterung des Kreises der Mitarbeiter, die von der Entgeltumwandlung Gebrauch machen.

Unser nächstes Gespräch haben wir zum …, Uhr vereinbart.

Wir haben Ihnen zugesagt, dass wir Ihnen für die nächste Besprechung eine Arbeitsvorlage erstellen.

Wir freuen uns auf den persönlichen und geschäftlichen Kontakt zu Ihnen.

Mit freundlichen Grüßen

---

2. Schriftliche Kontaktbestätigung

Die persönliche Direktansprache hat zu keinem Termin geführt, weil zum Beispiel der Gesprächspartner in Urlaub geht oder der Gesprächspartner keinen Überblick über seine Terminsituation gehabt hat.

Verbesserte Senkung der Lohnnebenkosten – Entgeltumwandlung –

Sehr geehrter Herr ....,

herzlichen Dank für das konstruktive Gespräch zur Senkung der Lohnnebenkosten durch eine Erweiterung des Kreises der Mitarbeiter, die von der Entgeltumwandlung Gebrauch machen.

Wir haben Ihnen zugesagt, dass wir Ihnen eine Arbeitsvorlage für die nächste Besprechung erstellen. Sobald diese vorliegt, werden wir wieder mit Ihnen Kontakt aufnehmen.

Wir freuen uns auf den persönlichen und geschäftlichen Kontakt zu Ihnen.

Mit freundlichen Grüßen

Der erneute Kontakt muss durch einen Firmenbesuch erfolgen, um einen Termin für eine vertiefte Besprechung zu vereinbaren. Ein Telefonanruf ist nicht aussichtsreich!

3. Anschreiben an die Sekretärin/Assistentin usw.

Verbesserte Senkung der Lohnnebenkosten – Entgeltumwandlung

Sehr verehrte Frau ....

herzlichen Dank für das nette Gespräch mit Ihnen. Mit Ihren Hinweisen haben Sie mir sehr weitergeholfen.

Wir sind so verblieben, dass ich zunächst eine Arbeitsvorlage für Herrn/Frau .... erstelle. Nach Fertigstellung komme ich wieder auf Sie zu.

Ich freue mich auf den Kontakt zu Ihnen.

Mit freundlichen Grüßen

Das Anschreiben an die Sekretärin usw. hat für die weitere Bearbeitung eine sehr positive und individuelle Wirkung.

4. Schriftliche Bestätigung zu Ihrer Absicht, den Kontakt zur Firma langfristig aufzubauen, auch wenn zurzeit kein Erfolg versprechender Ansatz gegeben ist.

Sehr geehrter Herr ....,

herzlichen Dank für das konstruktive Gespräch zur betrieblichen Altersversorgung Ihrer Firma. Im Augenblick ist es nicht möglich, die Überlegungen zu vertiefen.

Ich freue mich jedoch, dass wir so verblieben sind, dass ich immer wieder auf Sie zukommen kann, wenn sich Aspekte ergeben, die für Sie interessant sind. Der Kontakt zu Ihnen und Ihrer Firma ist mir sehr wichtig.

Mit freundlichen Grüßen

In der Praxis kommt es vor, dass zurzeit keine geschäftlichen Ansätze gegeben sind. Es handelt sich jedoch um eine wünschenswerte Firmenverbindung und einen guten Kontakt zum Gesprächspartner, sodass es zweckmäßig ist, die aufgenommene Verbindung zu pflegen. Aktuelle Informationen sind hierzu gute Gelegenheiten, zum Beispiel mit Hinweisen zum Flexi-II-Gesetz, zum Bilanzrechtsmodernisierungsgesetz oder zu sonstigen Servicehinweisen. Ihre dauerhafte und kompetente Demonstration bringt Ihnen langfristig den gewünschten Erfolg.

Kernaussagen:

Das Bestätigen der Besuchsergebnisse ist die Grundlage der Geschäftsmäßigkeit.

Die Korrespondenz zeigt Professionalität.

2.6.3   Verhandlungsvorlage

Sprechen Sie nicht von einem Angebot. Ein Angebot bringt dem Interessenten kostenfreie und vertiefte Informationen, gibt einen Einblick in Ihre Überlegungen – und ist und bleibt für Ihren Gesprächspartner unverbindlich. Besser sind dagegen folgende Begriffe:

- Verhandlungsvorlage (s. Anlage 3)

- Arbeitsgrundlage oder

■ Gesprächsvorlage (Expertise)

Eine Verhandlungsvorlage sollte folgende Inhalte haben:

■ Marktsituation

■ Strategie zur Verbesserung der Durchdringungsquote

■ Direktversicherung

■ Senkung der Lohnnebenkosten

■ Vorteile für den Arbeitnehmer

■ Wirkung der Erhöhung der Durchdringungsquote

■ Unternehmerrente

■ rechtliche Überlegungen

■ Service- und Unterstützungsmöglichkeiten für den Arbeitgeber

Eine solche Verhandlungsvorlage wird Ihnen als Anregung mit Anlage 3 zur Verfügung gestellt.

Die Verhandlungsvorlage verfolgt zwei Ziele:

1. eine ausführliche Information zur Notwendigkeit der Aktualisierung der betrieblichen Altersversorgung und

2. eine auf den Betrieb bezogene Berechnung der gesteigerten Senkung der Lohnnebenkosten

In der Verhandlung liegt der Schwerpunkt auf der Berechnung der finanziellen Auswirkungen. Die Kalkulation kann verändert werden, wenn der Arbeitgeber keinen Zuschuss zu der Versorgung des Arbeitnehmers übernimmt.

Die vorangegangenen Ausführungen zur Expertise eignen sich für die Besprechung einzelner Punkte – quasi als Beweisvorlage. Eine Lesung aller Seiten ist ermüdend, verkaufstötend und nicht ratsam.

2.6.4   Verhandlungsziel

Führen Sie keine Verhandlung ohne eigene konkrete Zielvorgaben. Nur wenn Sie eine eigene Zielfestlegung haben, bleiben Sie Verhandlungsführer. Ihre Zielfestigkeit führt Sie zum Ziel, auch wenn sich Abweichungen in der Verhandlung ergeben.

Für die Besprechung der verbesserten Senkung der Lohnnebenkosten gibt es mehrere Zielpunkte (Etappenziele):

1. Präsentation der Verhandlungsgrundlage.

2. Besprechung der zahlenmäßigen Auswirkungen bei Erreichen einer Durchdringungsquote von 60 Prozent.

3. Übernahme der Informations- und Auskunftspflichten durch die Servicezusage bzw. den Maklerauftrag (siehe Anlage 1 und 2).

4. Besprechung der Betriebsvereinbarung, Versorgungsordnung oder der einzelvertraglichen Vereinbarung im Sinne der Versorgungsordnung.

5. Besprechung mit allen Betriebsangehörigen, um die Entgeltumwandlung auf breiter Front durchzusetzen.

6. Enthaftung durch eine schriftliche Erklärung zum Angebot bzw. zur Nichtannahme und zum Verzicht auf eine dauerhafte Information.

7. Durchführung der Besprechungen in der Firma mit Aushang am Schwarzen Brett bzw. zu Hause durch ein individuelles Anschreiben an die Mitarbeiter.

8. Besprechung mit dem Betriebsrat.

9. Wege der Kommunikation.

10. Abschluss eines Maklerauftrages zur Durchführung der Maßnahmen zur Verbesserung der gesenkten Lohnnebenkosten, Übernahme bestehender Versorgungsgrundlagen und Installation einer arbeitgeberfinanzierten betrieblichen Altersversorgung zum jetzigen oder späteren Zeitpunkt.

Kernaussagen:

Unterteilen Sie Ihre Verhandlung in Etappenziele.

Verfassen Sie je Etappenziel eine gesprächsspezifische Zusammenfassung.

2.7   Erweiterung der Verhandlungschancen

Die Ausdehnung der Besprechungspunkte auf weitere Gesprächsfelder ist für die Firma ein Service, der zu einem dauerhaften Kontakt führt. Das ist eine notwendige Strategie für einen ganzheitlichen Geschäftsansatz. Jeder Firmeninhaber legt Wert darauf, dass er einen Gesprächspartner hat, zu dem sich Vertrauen aufbauen lässt.

Für Sie ist der ständige Kontakt die durchschlagende Chance,

■ um Ihre Spezialisierung und Ihr Können zu präsentieren,

■ um Ihre Fach- und Erfahrungskompetenz einzusetzen und

■ um sich durch Ihre Vorgehensweise positiv vom „Nur"-Verkäufer abzuheben,

Der ganzheitliche Geschäftsansatz im Firmengeschäft ist ein Imagegewinn. Sie strahlen als Unternehmer Erfolg, Souveränität und Glaubwürdigkeit aus. Geben Sie Ihrem Gesprächspartner möglichst zu Beginn einen Betreuungs- und Serviceplan. Dieser Plan enthält eine umfassende und interessante Vielzahl von Informations- und Besprechungsmöglichkeiten – und das wird im Firmengeschäft vom Kunden erwartet. Eine Rechtsanwaltskanzlei mit einerseits umfassendem Erfahrungsschatz und andererseits mit Spezialisierung auf einzelne Rechtsgebiete ist das Parallelbeispiel. Sollten Sie auf einem Gebiet nicht ausreichend fachlich gefestigt sein, so wird es durchaus akzeptiert, dass Sie Fachkräfte einsetzen. Wird der ganzheitliche Geschäftsansatz nicht praktiziert, werden Geschäftschancen vergeben. Der Geschäftskontakt zu einer Firma ist Chance und Verpflichtung zu gleich.

Betreuungs- und Serviceplan für einen ganzheitlichen Geschäftsansatz

Firma

- Firmenanbahnungsakte

- Bestätigung des Besprechungstermins oder des Gespräches

- Besprechung der Verhandlungsvorlage

- Durchführung zur Erhöhung der Durchdringungsquote

- arbeitgeberfinanzierte betriebliche Altersversorgung

- GmbH:
    - Pensionszusage mit Rückdeckungsversicherung
    - Werthaltigkeit vorhandener Pensionszusagen für Gesellschafter-Geschäftsführer usw.
    - Insolvenzschutz
    - steuerrechtliche und rechtliche Überprüfung von bestehenden Pensionszusagen
    - Auslagerung von Pensionszusagen

- Auswirkungen des Bilanzmodernisierungsgesetzes auf den Bilanzausweis

- Zeitwertkonten für Arbeitnehmer und leitende Angestellte

- Risiko- und Versicherungsanalyse zu allen Versicherungsverträgen

- Debitorenmanagement

- Rechtsschutzversicherung für Manager

Anlage 1

Anregung

Betriebliche Altersversorgung
- Entgeltumwandlung -

Durchführungsweg:

DIREKTVERSICHERUNG

Firma

……………………………………..

……………………………………..

……………………………………..

Servicevereinbarung

Informationen für Arbeitgeber und Arbeitnehmer zur betrieblichen Altersversorgung (Entgeltumwandlung)

Firma

Agentur nach § 84 HGB

Informationen für Arbeitgeber und Arbeitnehmer zur betrieblichen Altersversorgung (Entgeltumwandlung)

Anregung

1. Versorgungswerk

Die Firma richtet für alle Arbeitnehmer, einschließlich der zur Berufsausbildung Beschäftigten, ein Versorgungswerk durch eine Entgeltumwandlung in Form einer Direktversicherung ein oder die Firma hat für alle Arbeitnehmer, einschließlich der zur Berufsausbildung Beschäftigte ein Versorgungswerk eingerichtet und zwar durch Entgeltumwandlung in Form einer

- Pensionskasse
- Direktversicherung
- Pensionsfonds
- Unterstützungskasse

2. Rechtsgrundlage

Grundlage für das Recht auf Entgeltumwandlung ist § 1a des Gesetzes zur Verbesserung der betrieblichen Altersversorgung (BetrAVG). Jeder Arbeitnehmer hat einen Rechtsanspruch auf Erhalt einer betrieblichen Altersversorgung in dem obigen Sinne. Es kann ein Beitrag von maximal vier Prozent der jeweils gültigen Beitragsbemessungsgrenze in der Rentenversicherung der Arbeiter und Angestellten für die betriebliche Altersversorgung aufgewendet werden.

3. Informationsservice

Im Rahmen der Fürsorgepflicht ist es für den Arbeitgeber zweckmäßig, die teilnahmeberechtigten Arbeitnehmer jeweils zu unterrichten, insbesondere bei

- Einführung der betrieblichen Altersversorgung
- Neueinstellungen von Arbeitnehmern in die Firma und
- Veränderungen der Rechtsgrundlagen, zum Beispiel Erhöhung der Beitragsmöglichkeiten bei Veränderung der Beitragsbemessungsgrenzen
- Veränderungen der tariflichen Voraussetzungen

Informationen sind nur solange zu geben, wie der Arbeitnehmer in der Firma beschäftigt ist.

4. Informationen

Im Rahmen des Services gibt Firma GA regelmäßige Informationen an die Firma und die Arbeitnehmer. Der Arbeitgeber gibt zeitnah Informationen zu eintretenden und ausscheidenden Arbeitnehmern.

Die Firma GA erstellt zu jedem Informationsgespräch mit einem Arbeitgeber oder/und Arbeitnehmer eine Dokumentation für die Personalakte.

Ort, Datum

Unterschrift

Anlage 2

Anregung

**Maklervertrag
zur betrieblichen Altersversorgung
- Entgeltumwandlung -**

Vertragspartner

Firma ……………………………………………………………………..

(nachstehend als „Auftraggeber" bezeichnet)

Straße …………………………………………………………………

PLZ/Ort ………………………………………………………………

Telefon …………………………………………………………………..

Fax …………………………………………………………………

E-Mail ………………………………………………………………

Versicherungsmakler ....

(nachstehend als „Versicherungsmakler" bezeichnet)

Straße...

PLZ/Ort ....

Telefon ....

Fax ....

E-Mail...

Maklervertrag

1. Der Auftraggeber beauftragt den Versicherungsmakler als ausschließlichen Partner mit der Durchführung bzw. Ergänzung der betrieblichen Altersversorgung - Entgeltumwandlung. Der Versicherungsmakler führt die erforderlichen schriftlichen und mündlichen Verhandlungen mit den Versicherungsgesellschaften; er wird insbesondere beauftragt, die erforderlichen Rahmenvereinbarungen abzuschließen und die Grundlagen für die Durchführung der betrieblichen Altersversorgung zu vereinbaren.

2. Es ist die Pflicht des Versicherungsmaklers, aus den gesetzlich festgelegten Durchführungswegen die am besten geeignete Form zu prüfen und ein Versorgungskonzept zu realisieren. Bei vorhandenen Versorgungskonzepten mit einem Rahmenvertrag ist der Versicherungsmakler beauftragt, diese zu prüfen und gleichzeitig bevollmächtigt, alle Daten beim Versorgungsträger (Versicherer, Pensionskasse) zu erfragen. Der Versicherungsmakler hat zukünftig den Rahmenvertrag zu betreuen. Zu diesem Zweck wird der Versorgungsträger aufgefordert, den Rahmenvertrag auf den Versicherungsmakler zu übertragen.

3. Die betriebliche Altersversorgung für Entgeltumwandlung erfasst alle Arbeitnehmer (einschließlich Auszubildende), die in der gesetzlichen Rentenversicherung pflichtversichert sind. Es erfolgt eine Erweiterung auf Vorstände, Geschäftsführer usw. der Firma und ihrer angegliederten Firmen, sofern vorhanden.

4. Die Rechtsgrundlage auf Entgeltumwandlung ist in § 1a des Gesetzes zur Verbesserung der betrieblichen Altersversorgung (BetrAVG) festgelegt. Danach hat jeder teilnahmeberechtigte Arbeitnehmer einen Rechtsanspruch auf Einrichtung einer betrieblichen Altersversorgung in Form einer Entgeltumwandlung.

5. Die Höhe des Beitrages zur Entgeltumwandlung kann bis zu vier Prozent der gültigen Beitragsbemessungsgrenze in der gesetzlichen Rentenversicherung der Arbeiter und Angestellten betragen.

6. Der Versicherungsmakler übernimmt im Rahmen seines Services eine regelmäßige Information an die Firma und an alle teilnahmeberechtigten Arbeitnehmer; insbesondere bei

   – Einführung bzw. Ergänzung der betrieblichen Altersversorgung
   – Neueinstellung von teilnahmeberechtigten Arbeitnehmern
   – Veränderung der Rechtsgrundlagen
   – Erhöhung der Beitragsmöglichkeiten bei Veränderung der Beitragsbemessungsgrundlagen
   – Veränderung der tariflichen Voraussetzungen

   Informationen an die Firma und/oder an einzelne teilnahmeberechtigte Arbeitnehmer werden dokumentiert. Der Auftraggeber gibt zeitnah Informationen zu eintretenden oder ausscheidenden Arbeitnehmern.

7. Die Haftung des Versicherungsmaklers für leicht fahrlässige Verletzungen der vertraglichen Pflichten ist auf einen Höchstbetrag von … Millionen Euro begrenzt. Es besteht keine Haftung für Schäden bei Versorgungen bzw. Versorgungskonzepten aus einer Zeit vor Abschluss des Maklervertrages.

8. Der Gesetzgeber verlangt bei Erhebung und Verarbeitung personenbezogener Daten eine gesonderte Einwilligung zum Datenschutz. Die Datenschutzerklärung ist beigefügt.

9. Der Maklervertrag beginnt mit Unterzeichnung und ist auf unbestimmte Zeit geschlossen; er kann mit einer Frist von drei Monaten zum Ende eines Kalenderjahres von jeder Vertragspartei gekündigt werden.

10. Erfüllung und Gerichtsstand ist ………………

11. Wird vom Auftraggeber eine arbeitgeberfinanzierte betriebliche Altersversorgung auf freiwilliger Basis oder durch Tarifvertrag eingerichtet, so ist der Versicherungsmakler beauftragt, die für den Auftraggeber geeignete Form der Durchführung zu ermitteln. Es gilt als dann die Beauftragung nach Ziffer 1 und 2 dieses Maklervertrages.

_____

Ort/Datum

_____   _____

Auftraggeber   Versicherungsnehmer

Anlage 3

Firma
Mustermann
Hoffnungsstraße

0000 Glücksgemeinde

Betriebliche Altersversorgung - Entgeltumwandlung-

Firma

Agentur/Versicherungsmaklerbetrieb

……………………………….

……………………………….

……………………………….

……………………………….

Inhalt

1. Ausgangssituation

2. Marktsituation

3. Strategie zur Verbesserung der Durchdringungsquote

4. Direktversicherung

5. Senkung der Lohnnebenkosten für den Arbeitgeber

6. Vorteile für Arbeitnehmer

7. Wirkung der Erhöhung der Durchdringungsquote

8. Sparmodell für Geschäftsinhaber/Geschäftsführer - Unternehmerrente

9. Rechtliche Überlegungen

10. Service und Unterstützungsmöglichkeiten für den Arbeitgeber

<u>Anlagen</u>

1.) Rechts- und Haftungsgrundlagen zur betrieblichen Altersversorgung (Entgeltumwandlung)

2.) betriebliche Altersversorgung (Rechenbeispiel)

1. Ausgangssituation

Die betriebliche Altersversorgung ist für jedes Unternehmen eine wichtige personalpolitische und finanzwirtschaftliche Strategieausrichtung. Das trifft insbesondere auch auf die arbeitnehmerfinanzierte betriebliche Altersversorgung (Entgeltumwandlung) zu. Der Kerngedanke ist dabei, dass durch den Arbeitgeber den Arbeitnehmern eine wirkungsvolle und kostengünstige Versorgungsmöglichkeit geboten wird. Diese ist dringend notwendig, weil die Rentenansprüche aus der gesetzlichen Rentenversicherung nicht ausreichend sind und eine Ergänzung durch eine privat und betrieblich durchzuführende Versorgung erfordern. Die staatlich geförderten Maßnahmen erweitern hierzu den Gestaltungsspielraum.

Für den Unternehmer ergeben sich zwei wesentliche Auswirkungen; einmal wird gezeigt, dass eine besondere fürsorgliche Wertschätzung gegenüber der Belegschaft besteht und zum anderen wird durch die endgültige Befreiung von den Sozialversicherungsbeiträgen eine Senkung der Lohnnebenkosten erreicht. Allerdings gehört die betriebliche Altersversorgung nicht zum Kerngeschäft des Unternehmers und gleichzeitig wird durch rechtliche Gegebenheiten und Entwicklungen die praktische Umsetzung immer komplexer. Das ist für einen mittelständischen Betrieb vielfach problematisch; aber leicht lösbar.

Ein mittelständischer Unternehmer erwartet verlässliche Leitlinien für die operative Umsetzung und ein Konzept, das die Gestaltungssicherheit festschreibt und zwar zu folgenden Punkten:

- Auswahl aus den fünf möglichen Durchführungswegen

- Geltungsbereiche: Welche Arbeitnehmer kommen in Frage?

- Auskunfts- und Informationsverpflichtungen

- Haftungsrisiken im Innenverhältnis

- transparente Kommunikationsregeln

- einfache betriebliche Handhabung und Abwicklung

Eine gründliche Vorbereitung bzw. Aktualisierung, eine leicht anwendbare und verständliche Gestaltung und eine transparente Präsentation sowie eine ständige Kommunikation sind für den Arbeitgeber und Arbeitnehmer wichtig und entscheidend.

2. Marktsituation

Durch die Einrichtung einer betrieblichen Altersversorgung (Entgeltumwandlung) hat der Arbeitgeber die Chance, Lohnnebenkosten in erheblichem Umfang zu senken. Dieses Ziel ist in der Praxis bei einer Durchdringungsquote in der Regel bis zu 15 Prozent jedoch nicht erreicht worden.

Es zeigt sich, dass

■ bei Arbeitnehmern die Vorteile aus Steuerersparnissen und der Abgabefreiheit der Sozialversicherungsbeiträge zu wenig bekannt sind;

■ eine einmal vorgenommene Präsentation der kostengünstigen Möglichkeiten für eine Altersversorgung kaum noch in Erinnerung ist; vielfach sind keine weiteren Informationen erfolgt;

■ die Auskunfts- und Informationspflichten vom Arbeitgeber zu selten bzw. nicht ausreichend beachtet worden sind und

■ der Arbeitnehmer glaubt, zu wenig Geld zu haben, um sich eine der Altersarmut entgegenwirkende Altersversorgung leisten zu können.

3. Strategie zur Verbesserung der Durchdringungsquote

Es besteht Rechtssicherheit über eine Befreiung von den Sozialversicherungsbeiträgen. Für Arbeitgeber und Arbeitnehmer ist die Abgabefreiheit nunmehr endgültig gegeben. Die Ungewissheit, ob die Beiträge so behandelt werden, hat früher Zurückhaltung ausgelöst.

Der Arbeitgeber hat durch seine arbeitsrechtliche Fürsorgepflicht eine Verpflichtung zur ständigen Auskunft und Information. In der Praxis ist erkennbar, dass nach dem Angebot zur betrieblichen Altersversorgung an die Arbeitnehmer vielfach keine weiteren Informationen gegeben worden sind. In mittelständischen Firmen ist außerdem häufig anzutreffen, dass an neu eingetretenen Arbeitnehmern keine Hinweise oder konkrete Angebote erfolgt sind.

Der Arbeitgeber übernimmt die Haftung und zwar aus der Auswahl und Gestaltung des Angebotes und der dauerhaften Informationspflicht.

In der Praxis trifft man immer wieder auf die Aussage, dass eine Erklärung zur Enthaftung vom Arbeitnehmer unterzeichnet vorliegt. Diese Erklärung bezieht sich in der Regel auf die Angebotsvorlage und deren Ablehnung. Das ist nicht ausreichend. Es muss zu einer gültigen und umfassenden Erklärung zur Haftungsfrage eine Enthaftung zum Angebot bzw. Nichtannahme und insbesondere zur dauerhaften Information vorliegen.

Aus diesen Gründen ist es wichtig, von jedem Arbeitnehmer die entsprechende Erklärung zu erhalten bzw. zu ergänzen.

4. Direktversicherung

Die Direktversicherung ist insbesondere für mittelständische Betriebe ein sehr geeigneter Durchführungsweg.

Die Direktversicherung hat folgende Vorteile:

- Sie hat eine leichte Handhabung.
- Sie hat keine Bilanzberührung.
- Sie kann bei Ausscheiden auf den neuen Arbeitgeber übertragen bzw. dem Arbeitnehmer mitgegeben werden.
- Sie kann beitragsfrei gestellt werden.

Nach dem Inkrafttreten des Gesetzes zur Verbesserung der betrieblichen Altersversorgung wurde zunächst vorwiegend der Durchführungsweg der Pensionskasse realisiert. Hierzu ist die Direktversicherung eine parallel laufende Einrichtung – unkompliziert und wirksam; auch wenn eine Pensionskasse besteht.

Für den Arbeitgeber entsteht keine Beitragspflicht zum Pensionssicherungsverein. Es entstehen beispielsweise auch keine zusätzlichen Kosten für versicherungsmathematische Gutachten.

Eventuelle bestehende arbeitgeberfinanzierte Versorgungen in Form der Direktversicherung sind kein Hinderungsgrund.

5. Senkung der Lohnnebenkosten für den Arbeitgeber

In der heutigen Marktsituation bedeutet die Senkung von Lohnnebenkosten eine wünschenswerte Erhöhung des Gewinns und keine Schmälerung der vorhandenen Liquidität.

Durch die arbeitnehmerfinanzierte betriebliche Altersversorgung wird der Arbeitgeber finanziell **nicht** belastet. Der Arbeitnehmer zahlt selbst. Auf die vom Arbeitnehmer zu zahlenden Beiträge zur Direktversicherung entfällt für den Arbeitgeber die Zahlung der Beiträge zur Sozialversicherung. Dadurch entsteht für den Arbeitgeber eine echte Kostenersparnis.

Die Ersparnis für den Arbeitgeber beträgt rund 20 Prozent des Monatsbeitrages zur Direktversicherung!

6. Vorteile für Arbeitnehmer

Ausgangspunkt

Richtig ist, dass die finanziellen Mittel für Arbeitnehmer in der heutigen Situation etwas eingeengt sind. Ein Arbeitnehmer, ledig, mit einem monatlichen Bruttoeinkommen von 2.200,00 Euro hat netto rund 1.400,00 Euro zur Verfügung. Beachtet man seinen monatlichen Aufwand für Miete, easy-Kredit, Leasingrate für sein Auto, Handykosten, gebührenpflichtiges Fernsehen usw., dann ist es etwas schwierig, einen ordentlichen Beitrag gegen die Altersarmut aufzubringen.

Es gibt drei konstruktive Wege:

1. Eine Entgeltumwandlung mit einer Reduzierung des Beitragsaufwandes durch Steuerersparnisse und Abgabefreiheit der Sozialversicherungsbeiträge.

2. Eine Entgeltumwandlung unter Einbezug von vermögenswirksamen Leistungen zum **Nulltarif**.

3. Eine Riester-Rente mit Zulagen.

Der beste Weg ist die Kombination aus Entgeltumwandlung und Riester-Rente.

„Schnäppchen-Preis"
Die Entgeltumwandlung ist der Kauf einer Altersvorsorge zum „Schnäppchen-Preis".

Im Einzelnen:

■ *Steuerersparnis*: Bis vier Prozent der Beitragsbemessungsgrenze können die monatlichen Beiträge steuerfrei in die Direktversicherung eingezahlt werden.

■ *Ersparnis an Sozialversicherungsbeiträgen*: Die monatlichen Beiträge sind sozialversicherungsfrei; die Ersparnis beträgt rund 20 Prozent des Beitrages. Dies sind 20 Euro bei einem monatlichen Aufwand von 100 Euro.

Durch die Ersparnisse aus Steuern und Sozialversicherungsbeiträgen ergibt sich ein bedeutsamer Vorteil gegenüber einer privaten Altersversorgung ohne Entgeltumwandlung.

Beispielrechnung zur Direktversicherung mit Entgeltumwandlung

Arbeitnehmer, ledig: 35 Jahre

jährliches Bruttoentgelt: 27.000,00 Euro

Rentenfälligkeit zum 65. Lebensjahr

Monatlicher Beitrag brutto:	100,00 Euro
Monatlicher Beitrag netto:	44,24 Euro
Monatliche Ersparnis:	55,76 Euro

7. Wirkung der Erhöhung der Durchdringungsquote

Ausgangssituation

Ein Unternehmen hat 105 Arbeitnehmer. Davon haben 15 Arbeitnehmer bereits eine Entgeltumwandlung realisiert.

Bisherige Senkung der Lohnnebenkosten:

je Arbeitnehmer wurden im Durchschnitt monatlich 100,00 Euro als Beitrag aufgebracht.

> Ersparnis an Sozialversicherungsbeiträgen:
>
> Monatlich: 20,00 Euro
>
> Jährlich: 240,00 Euro
>
> Bei 15 Arbeitnehmern beträgt die jährliche Ersparnis: 240,00 Euro x 15 = 3.600,00 Euro.

Durch eine erneute Besprechung mit allen Arbeitnehmern und einer Empfehlung des Arbeitgebers entschließen sich 45 Arbeitnehmer zum Abschluss. Auf diese Weise kommt folgende zusätzliche Ersparnis zustande:

$$45 \times 240,00 \text{ Euro} = 10.800,00 \text{ Euro jährlich}$$

Insgesamt ersparte Lohnnebenkosten: 14.400, Euro jährlich

Wird von den betrieblichen Ersparnissen ein monatlicher Firmenzuschuss in Höhe von 10,00 Euro an 60 Mitarbeiter gezahlt, so beträgt die jährliche Ersparnis 14.400,00 Euro abzüglich 7.200,00 Euro = 7.200,00 Euro. In fünf Jahren sind dies <u>36.000,00 Euro.</u>

Ein Arbeitgeberzuschuss zeigt die Wertschätzung des Arbeitgebers zu seinen Arbeitnehmern und erhöht die Akzeptanz der Arbeitnehmer zur Entgeltumwandlung. Die finanzielle Mitwirkung des Arbeitsgebers ist ein wirksamer Anreiz und hilft mit, die Durchdringungsquote zu verbessern.

8. Sparmodell für Geschäftsinhaber/Geschäftsführer - Unternehmerrente

Die Senkung der Lohnnebenkosten bringt eine Ertragsverbesserung für die Firma. Anstelle einer solchen Wirkung in der Firma, kann der ersparte Betrag auch für eine Versorgung des Geschäftsinhabers/Geschäftsführers eingesetzt werden.

■ Geschäftsinhaber:

Die eingesparten Lohnnebenkosten sind zunächst Privatentnahmen für den Inhaber und somit steuerpflichtig; jedoch im Rahmen des Alterseinkünftegesetzes für eine Basisrente als Altersvorsorgeaufwendungen wieder steuerlich zum großen Teil absetzbar.

■ Geschäftsführer einer GmbH:

Einsatz des ersparten Betrages für eine arbeitgeberfinanzierte Altersversorgung (Direktversicherung, Unterstützungskasse, Rückdeckung für eine Direktzusage).

9. Rechtliche Überlegungen

Auskunfts- und Informationspflicht

Die Auskunfts- und Informationspflicht des Arbeitgebers wird in der Praxis immer stärker betont. Bei der arbeitnehmerfinanzierten betrieblichen Altersversorgung geht es um ein Arbeitsentgelt des Arbeitnehmers für eine Altersversorgung. Hierdurch entsteht für den Arbeitgeber eine besondere Sorgfaltspflicht und für den Arbeitnehmer ein wichtiger Entgeltschutz. Der Arbeitnehmer hat deshalb ein Interesse daran, sachlich richtige und umfassende Informationen zu erhalten.

Informationen zu Beginn bzw. Ergänzung des Versorgungswerkes:

- Vertragsbedingungen gegebenenfalls Tarifbestimmungen

- Rechtsgrundlage zur Entgeltumwandlung

- Laufzeit und Versorgungsumfang (Höhe, Erweiterungen usw.)

- geltende steuerliche und sozialversicherungsmäßige Behandlung der Beiträge

- die finanziellen und sonstigen Risiken, die mit der Entgeltumwandlung verbunden sind

- Einschränkung der Verfügungsmöglichkeiten

Informationen während der Laufzeit der Versorgung:

- jährliche Auskunft über die voraussichtliche Höhe der Versorgung; Veränderung durch Wertzuwachs

- bei Anlage in Fonds sind es die Struktur des Anlageportfolios, das Risikopotenzial, die Kosten usw.

- Veränderung der Rechtsgrundlagen, die die Entgeltumwandlung tangieren

- Nachweis zur regelmäßigen Beitragszahlung

- Eintritt eines Störfalls (zum Beispiel Insolvenz)

Rechtsgrundlage zur Informationspflicht

Es ist keine Rechtsgrundlage zur Informationspflicht des Arbeitsgebers im Betriebsrentengesetz geregelt; lediglich durch § 4a Betr AVG ist für den Fall eines vorzeitigen Ausscheidens eine Regelung getroffen worden (Auskunftsanspruch).

Die Informationspflicht des Arbeitsgebers resultiert aus dem Gedanken der arbeitsrechtlichen Fürsorge. Eine solche Pflicht ergibt sich aus § 242 BGB mit dem maßgeblich festgelegten Grundsatz von „Treu und Glauben" und den richterrechtlichen Anwendungen.

Durch die VVG-Reform werden Informationen geliefert, die weitergegeben werden müssen.

Rechtsprechung: Urteil des LAG Hessen vom 27.07.2011; AG Freiburg, Urteil vom 16.08.2011

Es hatte jeweils ein ausgeschiedener Arbeitnehmer den betreffenden Arbeitgeber verklagt, um Schadensersatzansprüche geltend zu machen.

Die obigen Urteile haben übereinstimmend klargestellt, dass entsprechend dem Gesetz zur Verbesserung der betrieblichen Altersversorgung der Arbeitnehmer einen Rechtsanspruch an den Arbeitgeber hat, um eine betrieblichen Altersversorgung durch Entgeltumwandlung zu erhalten. Die Initiative geht vom Arbeitnehmer aus. Der Arbeitgeber hat daraufhin zu reagieren. Er hat gegenüber weiteren Arbeitnehmern keine Hinweis-, Informations- und Angebotspflichten. Dadurch übernimmt der Arbeitgeber keine Haftung. Das wird durch die oben genannten Urteile unmissverständlich betont. Ein Arbeitnehmer, der aus dem Unternehmen ausgeschieden ist, hatten den Arbeitgeber verklagt, um Schadensersatzansprüche geltend zu machen, weil die Arbeitnehmer vom Arbeitgeber nicht informiert worden sind. Die Klagen wurden abgewiesen.

Eine andere Rechtswirkung entsteht jedoch, wenn der Arbeitgeber von sich aus (oder tarifvertraglich vereinbart) eine betriebliche Altersversorgung einrichtet. Hierzu hat der Arbeitgeber Anlass, um die betriebliche Altersversorgung als ein wirksames personalpolitisches Instrument einzusetzen, mit der Möglichkeit, die Lohnnebenkosten zu senken. Hier erfolgt eine betriebliche Altersversorgung im Rahmen der arbeitsrechtlichen Fürsorge unter Beachtung des Grundsatzes der Gleichbehandlung aller Arbeitnehmer. Der Arbeitgeber hat durch dieses Vorgehen eine Hinweis-, Informations- und Angebotspflicht sowie die sich daraus ergebenden Haftungen ggf. zu tragen. Bei Einrichtung einer betrieblichen Altersversorgung wird diese Verpflichtung durch einen Vortrag, durch einen Aushang am Schwarzen Brett, die Gestaltung einer Versorgungsordnung bzw. mündliche oder schriftliche Darstellung begründet.

Zur Rechtssicherheit und als Beweissicherung ist es zweckmäßig, wenn jeder Arbeitnehmer ausführlich informiert wird und bei Ablehnung einer Entgeltumwandlung eine Erklärung zur Enthaftung des Arbeitgebers und zum Verzicht auf weitere Informationen abgibt. Diese Enthaftungserklärung ist der Personalakte beizufügen.

In der Praxis zeigt sich, dass nach Einrichtung der betrieblichen Altersversorgung Versäumnisse bzw. Lücken entstehen, insbesondere bei der Einstellung neuer Mitarbeiter. Es ist deshalb unbedingt notwendig, eine Aktualisierung der betrieblichen Altersversorgung vorzunehmen und dabei alle Mitarbeiterinnen und Mitarbeiter des Unternehmens zu erfassen. Es geht dabei um die Erhöhung eines möglichen Beitrages von einem Arbeitnehmer, der eine betriebliche Altersversorgung abgeschlossen hat., um Arbeitnehmer, die bisher eine solche abgelehnt haben, aber inzwischen zu einer besseren Entscheidung gekommen sind und insbesondere um neu eingestellte Mitarbeiter. Hier ist eine Haftungsgefahr gegeben. Eine sorgfältige Aktualisierung ist eine besondere Vorbeugung für die Haftung des Arbeitgebers.

10. Service und Unterstützungsmöglichkeiten für den Arbeitgeber

Die Auskunfts- und Informationspflicht ist für den Arbeitgeber umfassend und nicht einfach durchführbar. Deshalb sind Aktivitäten des Verkäufers und der Versicherungsgesellschaft als eine besondere Serviceleistung notwendig, um entscheidungsrelevante Informationen zu geben. Der Vorteil ist, dass der Arbeitgeber entlastet wird und sich auf seine ureigensten Aufgaben konzentrieren kann. Durch den zu organisierenden Service wird eine mit Fähigkeiten und Kompetenz durchzuführende Mithilfe wirksam; sie bezieht sich auf

■ eine sachgemäße Darstellung zu Beginn bzw. Einrichtung oder Aktualisierung der betrieblichen Altersversorgung mit entsprechenden Entscheidungsgrundlagen für den Arbeitnehmer,

■ eine Hinweispflicht bei neu eingetretenen Arbeitnehmern und

■ eine dauerhafte Information des Arbeitgebers und der Arbeitnehmer.

Über die Informationen werden Dokumentationen erstellt.

Um diese Zusammenarbeit festzulegen, wird eine separate Servicezusage (Anlage 1) gemacht oder eine Maklervereinbarung (Anlage 2) mit Service abgeschlossen.

Durch die Zusammenarbeit in dieser Form kommt ein regelmäßiger Kontakt zur Firma und deren Mitarbeiter zustande. Dadurch kann die Durchdringungsquote gehalten bzw. erhöht werden. Zudem können neu eingetretene Mitarbeiter/innen pflichtgemäß angesprochen werden.

Anlage 1

Betriebliche Altersversorgung – Entgeltumwandlung

Firma ……………, den ……………

Gesprächspartner

---

1. Anzahl aller Arbeitnehmer der Firma   …………..

davon haben von der

Entgeltumwandlung bisher Gebrauch gemacht   ….

bisherige Durchdringungsquote   ……..…… Prozent

---

2. Auswirkung, wenn die Durchdringungsquote 60 Prozent beträgt

Senkung der Lohnnebenkosten um rund 20 Euro je Arbeitnehmer (AN)

durchschnittlicher Beitrag von 100,00 Euro

……… AN x 20 Euro x 12 = ……………….Euro

3. Arbeitgeberzuschuss aus den ersparten

Lohnnebenkosten je AN   ………………….Euro

Senkung der Lohnnebenkosten
(s. Ziffer 2) insgesamt   ………………….Euro

./. Arbeitgeberzuschuss insgesamt   …………………. Euro

jährliche Ertragssteigerung des Betriebes
bzw. Kapitalbildung für Geschäftsinhaber/
Geschäftsführer   …………………. Euro

Ergebnis für fünf Jahre   …………………. Euro

Literaturverzeichnis

Schumacher, Hans-Georg (2011): Qualifizierte Neukundengewinnung im Firmenkundengeschäft. Wiesbaden 3. Auflage 2011.

Verkauf in der Praxis – die handwerkliche Anleitung

Markus Sobau

1 Das Schlaraffenland für Verkäufer heißt „Entgeltumwandlung"

Jeder Arbeitnehmer hat die Chance, seine Altersvorsorge effizient zu lösen. Allerdings erkennt nicht jeder Arbeitnehmer diese Chance. Gefragt ist nun der versierte und kompetente Finanzberater und Versicherungsvermittler als Verkäufer der guten Sache!

Sie denken jetzt vielleicht: „Warum ist denn die betriebliche Altersvorsorge (bAV) so vorteilhaft – es gibt doch noch andere Schichten und Produkte mit ähnlicher oder vielleicht besserer Förderung?" Exakt die gleiche Frage stellt sich jeder Beschäftigte auch. Aus diesem Grunde ist es besonders wichtig, genau diese Frage immer gleich zu Beginn jeder Beratung, beim Einstieg in ein Gespräch mit Entscheidern und vor allem am Anfang einer Mitarbeiterpräsentation zu beantworten. Und zwar unabhängig davon, ob die Frage gestellt wird oder nicht.

Die bAV ist die einzige direkt geförderte Sparform, bei der der Sparer am Ende noch kapitalisieren kann. Bei der Basisrente oder Riester-Rente geht das nicht! Nur wenige Verbraucher wissen dies. Also weisen Sie auf diesen Vorteil der bAV hin. Mit diesem Hinweis wecken Sie Interesse bei Ihren Gesprächspartnern.

In einer Gesprächsrunde mit mehreren Unternehmern bemerkte ein Handwerksmeister sogar im Zusammenhang mit der bAV in einer etwas kernigen Art: „Ein Arbeitnehmer muss nicht ganz dicht sein, wenn er diese Chance nicht nutzt." Dieser Meinung stimmten alle anderen Teilnehmer zu.

Wenn die Vorteile auf der Hand liegen und die Möglichkeiten so einzigartig sind, stellt sich aber sofort die Frage: Warum haben viele Verkäufer trotzdem so wenig Erfolg in der bAV-Beratung? Sie kennen meist alle fachlichen Grundlagen – bringen aber trotzdem zu wenig Abschlüsse zustande. Warum ist das so? Wie kann jeder Finanzberater auf Erfolgskurs gesetzt werden?

H.-G. Schumacher et al., *Entgeltumwandlung – mit System zu höheren Durchdringungsquoten*, DOI 10.1007/978-3-8349-4557-0_2, © Springer Fachmedien Wiesbaden, 2013

Oftmals sind es nur Kleinigkeiten, die über eine Zusage oder eine Ablehnung entscheiden: eine ungeschickte Formulierung, ein fehlendes Beispiel zur Veranschaulichung eines Sachverhalts oder auch einfach nur mangelnde Argumente. Das muss nicht sein! Die Umsatzchance bAV führt im wahrsten Sinne des Wortes „ins Schlaraffenland".

Warum ist das so? Gerade in der heutigen Krisenzeit mit Kurzarbeit sind die Verträge der bAV besonders bestandssicher. Solange der Arbeitnehmer in Lohn und Brot steht, läuft die bAV weiter. Warum sollte denn der Arbeitnehmer auch aussetzen oder reduzieren? Das Gehalt läuft einfach weiter – wenn auch reduziert, und der Vertrag damit auch.

Bei finanziellen Engpässen wird leider oft zuerst bei den privaten Verträgen und Versicherungen gespart. Die Folge für den Betroffenen: Die Rente sinkt und die Ablaufleistung fällt geringer aus. Bei Verträgen mit Versicherungselementen leidet dann auch noch der wichtige Versicherungsschutz darunter. Von der möglichen Provisions-/Courtagehaftung des Verkäufers ganz zu schweigen!

Sie sehen also: Wenn Sie bisher noch nicht die bAV für sich und Ihre Kunden entdeckt haben, wird es Zeit, endlich aufzubrechen und dieses höchst lukrative Feld der Finanzberatung erfolgreich zu erschließen.

Entdecken Sie, wie man mit einfachen Worten, tollen Beispielen und wirkungsvollen Aussagen genau dieses Geschäft machen kann. Allerdings möchte ich an dieser Stelle besonders darauf hinweisen, dass ein gutes Verkaufsgespräch oder eine effektive Strategie nicht viel helfen, wenn Sie nicht Ihre soziale Kompetenz und verkäuferisches Geschick mit ins Spiel bringen.

2 Seien Sie mutig: Verkaufen Sie die bAV

Wenden wir uns zunächst den Spielregeln zu, die im Zusammenhang mit dem gewünschten Erfolg beachtet werden müssen. Unabdingbare Voraussetzungen für diesen Erfolg sind Fleiß, Mut und Beharrlichkeit.

Mit vorliegender Lektüre halten Sie ein Buch in Händen, das Ihnen viele Praxisbeispiele vorstellt. Wir, die Autoren des Buches, kommen aus der Praxis. Sie können somit von unseren Erfahrungen profitieren und brauchen nicht alles selbst auszuprobieren. Sie können bewährte Mechanismen einsetzen und sofort auf die Erfolgspur wechseln.

Bedenken Sie bitte, dass die Entgeltumwandlung ein scharfes Schwert ist – leider ist jedoch genau dieses Schwert bei vielen Verkäufern durch die früheren Misserfolge – wie zum Beispiel schlechte Durchdringungsquoten oder niedrige Beiträge – stumpf geworden. Bei mir selbst war das auch so und irgendwann habe ich mir sogar selbst eingeredet, dass der Markt doch sowieso schon erschlossen ist und dass die bAV entweder wenig oder keine Chancen mehr bietet. Immer dann, wenn auch noch ein Kollege oder Bekannter ähnlich negative Aussagen machte, fühlte ich mich bestätigt: Zum Schluss habe ich die bAV gar nicht mehr angesprochen – weder bei Geschäftsführern noch bei Privatkunden. Und genau dies war ein großer Fehler!

Wie kam dann die andere Ausrichtung und wieso hatte ich danach doch viele Erfolgserlebnisse? Es waren die hartnäckigen Anfragen eines erfolgreichen Unternehmers zur bAV, die mich auf die Erfolgsschiene brachten.

Ich wurde also nach einiger Zeit der „bAV-Abstinenz" wieder intensiv mit dem Thema konfrontiert und wollte es dieses Mal anders und besser machen als bisher. Ich wollte es besonders gut machen und war durch die Fragen der Mitarbeiter des Unternehmers gefordert. Mit dieser Aufgabe startete ich: Ich hatte viele schöne Umsätze, führte tolle Gespräche, veranstaltete erfolgreiche bAV-Präsentationen und bekam viele zufriedene Kunden.

Es lohnt sich also: Machen Sie entweder mit der bAV weiter oder fangen Sie wieder an und bleiben Sie dran!

3   Verhandeln Sie mit dem Unternehmer die Schwerpunkte

Im Folgenden möchte ich Ihnen zwei besonders erfolgreiche Verkaufsansätze vorstellen.

Verkauf der Entgeltumwandlung in der Firma nach dem bekannten Vorgehen: Gespräch mit dem Entscheider, anschließende Mitarbeiterpräsentation mit dem Ziel, die Belegschaft dann in Einzelgesprächen zu beraten.

Es gibt nicht nur die weit verbreitete und oft praktizierte Beratung während der Arbeitszeit im Betrieb, sondern auch die Beratung des Arbeitnehmers zu Hause. Diese Vorgehensweise, die Erfolg versprechend und lukrativ ist, werde ich im Folgenden vorstellen.

Die ausführliche Gesamtanalyse der Versorgung des Arbeitnehmers zu Hause in den eigenen vier Wänden

Jawohl! Sie haben richtig gelesen! Wir haben nicht nur die bAV-Beratung im Blick, sondern auch den Kunden als Gesamtmandat. Ziel ist dann nicht nur der Solitärverkauf eines Produkts, sondern der Verkauf eines Gesamtpaketes. Mit dieser Vorgehensweise festigen Sie nicht nur den bAV-Umsatz, sondern Sie verdienen auch mehr Geld! Gerade in der heutigen Zeit, in der neue Kunden oft Mangelware sind und viele Finanzdienstleister nach neuen Kundenkreisen und Umsätzen suchen, ist diese Form der Kundengewinnung sehr effektiv!

Die Komplettberatung des Arbeitnehmers und der Verkauf bauen dann auf der gesetzlichen Renteninformation und den vorhandenen Versorgungsverträgen auf. Genau dieser Schritt in die private Welt des Arbeitnehmers eröffnet jedem Verkäufer viele neue Gelegenheiten und Chancen.

Leider wird dieser entscheidende Wettbewerbsvorteil oftmals nicht genutzt. Es hat sich gezeigt, dass durch die persönliche Beziehung zum Kunden und seiner Umgebung (Partner, Familie etc.) nicht nur die bAV viel leichter zu realisieren ist, sondern auch die Durchdringungsquote in der gesamten Firma enorm gesteigert werden kann. Quoten bis zu 80 Prozent sind so leicht machbar. Außerdem können auch so zusätzlich ganz neue Umsatzpotenziale (BU, PKV, Kinderversorgung, Geldanlagen, und, und, und) im Privatsegment erschlossen werden.

Der andere Weg verläuft genau in die entgegengesetzte Richtung: also vom bestehenden Privatkunden, den man bisher betreut hat oder neu als Kunden gewinnt, in die Firma hinein. Ja, Sie haben richtig gelesen, anstatt die Firma per Telefon oder Kaltakquise direkt anzusprechen (so wie im ersten Teil des Buches beschrieben, mein Tipp: Rufen Sie Herrn Kraus direkt an. Ich habe ihn als Kontaktcoach gehabt und profitiere sehr davon!) und damit bei dem Entscheider anzufangen, gibt es auch noch einen anderen Weg. Dieser besonders erfolgreiche Weg führt Sie von Ihrem bisherigen Privatkunden direkt an den Schreibtisch des Arbeitgebers. Anstatt also mühsam gegen „verschlossene Stahltüren" anzurennen, gibt es quasi einen Schlüssel, der diese Tür öffnet. Dieser Schlüssel ist Ihr Privatkunde! Es ist ein Vertrauter des Arbeitgebers, der Ihnen gern die Tür aufschließt und Ihnen hilft, Ihren Verkaufsprozess zu beschleunigen. Wie soll das gehen?

Viele Berater haben einen großen Bestand und somit auch ausreichend Privatkunden, die für eine bAV in Frage kommen – sprechen das Thema aber einfach nicht an. Aus falscher Angst und übertriebener Vorsicht befürchten sie beispielsweise, dass in der Firma des Kunden vielleicht schon ein Rahmenvertrag vorhanden ist oder ihnen ein anderer Berater, der in der Firma etabliert ist, den Umsatz streitig machen könnte und am Ende dann auch noch wegschnappt.

Manchmal fühlen sich diese Berater auch einem kritischen Arbeitgeber oder Personalchef einfach nicht gewachsen und verschenken damit einen entscheidenden Vorteil. Sie nutzen einen persönlichen Fürsprecher – ihren Privatkunden, der sie bereits schon kennt – nicht für die Akquise! Dies ist sehr schade!

Sie lernen im Verlauf dieses Kapitels für beide Varianten neue Ideen, wirkungsvolle Hilfen und Möglichkeiten kennen, die Ihren Umsatz enorm steigen lassen. Zudem stelle ich Ihnen einige erprobte Hilfsmittel, wie zum Beispiel den „bAV-Besuchsauftrag mit Heimvorteil", vor. Denken Sie daran: Zukünftig sollten Sie das bAV-Geschäft als Ihren persönlichen Erfolgsfaktor nutzen!

Wenden wir uns zunächst dem bekannten Weg über die Firma zu. Nachdem Sie mit den Tipps und Hilfen aus dem ersten Teil des Buches den Weg zum Entscheider gefunden haben, steht nun ein Gespräch mit dem Verantwortlichen an.

Das Thema bAV ist mittlerweile in weiten Bereichen von Wirtschaft und Industrie verbreitet. Wir können also nicht davon ausgehen, dass wir die Ersten sind, die ein solches Thema beim Entscheider vorstellen. Bestimmt haben Sie auch schon den Spruch gehört: „Das hatten wir schon einmal bei uns, da war die XYZ- Gesellschaft da – aber das interessierte meine Mitarbeiter nicht, die brauchen ihr Geld und das haben nur ganz wenige oder niemand bei uns gemacht!"

Nun entscheidet es sich, ob Sie die Segel streichen und eine Absage kassieren oder ob Sie eine echte Abschlusschance erkennen und nutzen!

Falsch wäre es, sofort mit dem Gesprächspartner eine Diskussion zu beginnen. Am Ende gar auch noch mit Schuldzuweisungen in Bezug auf den anderen Berater oder mit abwertenden Aussagen über die Belegschaft! Dann ist das Gespräch schon beendet und die Chance vertan!

Sinnvoll ist es, in solch einer Situation sachlich zu fragen: „Wie war denn das genau? Wie lief das ab?" Wir benötigen Informationen, sonst können wir keine qualifizierten Lösungen anbieten. Die Antwort lautet dann meistens folgendermaßen: „Die XY-Gesellschaft hat das Thema in einer Sitzung/Versammlung vorgestellt, aber kein Mitarbeiter wollte hinterher ein Gespräch mit den Beratern der XY-Gesellschaft führen oder einen Vertrag abschließen."

Das ist Ihre Chance – jetzt gilt es, diese Gelegenheit zu nutzen. Je nach Gesprächssituation und Stimmung des Gesprächspartners empfiehlt es sich, zu fragen: „Und was halten Sie persönlich davon?"

Oft verstehen die Arbeitgeber oder Personalverantwortlichen ihre eigene Belegschaft nicht. Wie oft habe ich schon gehört: „Ich selbst finde es sehr wichtig vorzusorgen und der Weg der bAV ist gut – ich verstehe aber die Leute in der heutigen Zeit ...". Bestimmt haben Sie eine ähnliche Aussage auch schon gehört, oder?

Ein andere Antwort, die manchmal gegeben wird, lautet: „Mir ist es egal, das soll jeder selbst entscheiden, ich halte mich da raus!"

In beiden Fällen wissen wir jetzt, dass wir keinen „Gegner" oder „Verhinderer" vor uns haben, sondern einen potenziellen Unterstützer, der sehr wichtige Impulse geben kann oder zumindest jemanden, der uns gewähren lässt. Auf jeden Fall kann es weitergehen.

Auf die Bemerkung „Die wollen das nicht, aber ich finde es gut", können Sie antworten: „Genau die gleiche Situation finde ich leider in vielen Betrieben vor: Eine gute Sache wird oft zu unvorteilhaft und zu nüchtern dargestellt, sodass die Mitarbeiter die enormen Vorteile nicht erkennen. Mit unseren neuen bAV-Workshops machen wir ganz andere Erfahrungen! Wir erreichen, dass durchschnittlich 90 Prozent der Teilnehmer nach einer

Informationsveranstaltung ein persönliches Gespräch führen wollen. Anschließend nutzen durchschnittlich 70-80 Prozent der Belegschaft die bAV. Die Firma bzw. der Arbeitgeber spart dadurch enorme Lohnnebenkosten!"

Was erreichen wir mit einer solchen Antwort? Wir widersprechen oder argumentieren nicht. Ganz im Gegenteil – wir rechnen damit, dass schon „jemand" vor uns da gewesen ist! Denn dies ist doch vollkommen normal. Das Argument unseres Gesprächspartners verläuft somit ins Leere! Es ist ebenfalls völlig normal, dass ein Großteil der Belegschaft das Angebot nicht nutzt (und das ist ja auch gut so). Wir sind also nicht überrascht, sondern diese Situation ist für uns alltäglich und damit völlig „normal". Es liegt nicht am

Produkt bzw. an der bAV (das findet er ja gut), sondern an der Darstellung und Vorgehensweise. Es kommt darauf an, wie man mit den Mitarbeitern redet und die bAV vorstellt!

Jetzt merkt unser Gesprächspartner, dass in der Vergangenheit wirklich etwas schlecht gelaufen war. Begehen Sie jedoch in diesem Zusammenhang nicht den Fehler, Ihren Wettbewerber, der sich erfolglos bemüht hat, abzuwerten. Dies könnte sich sehr negativ auswirken. Weisen Sie nur darauf hin, dass leider viele Berater das Thema zu nüchtern oder zu theoretisch vorstellen. War der Entscheider bei der früheren Präsentation dabei, stimmt er sofort zu; denn dies trifft genau sein Empfinden, er möchte es nur nicht direkt aussprechen. Verdeutlichen Sie, dass das bei Ihnen ganz anders läuft. Zeigen Sie den Unterschied auf.

Nennen Sie Ihre wahrheitsgemäße Erfolgsquote. Sollte Ihre persönliche Quote noch nicht so gut sein, dann führen Sie Kollegenbeispiele an.

Sie als bAV-Profi haben messbare Erfolge vorzuweisen und kennen sich aus! Wenn Sie jetzt auch noch diese Quote direkt mit dem möglichen Vorteil (zum Beispiel der Einsparung der Lohnnebenkosten) für den Arbeitgeber oder die Firma argumentativ verknüpfen, dann wird das Ganze für Ihren Gesprächspartner reizvoll und sein Interesse wird geweckt. Ihr Gesprächspartner fragt dann beispielsweise: „Was machen Sie denn anders?" oder „Wie machen Sie das denn?" Wenn diese Fragen gestellt werden, haben Sie schon fast gewonnen.

Erläutern Sie nun Ihre Vorgehensweise mit dem modifizierten Einstieg in die Präsentation bzw. den bAV-Workshop (siehe Ausführungen im nächsten Abschnitt). Stellen Sie zudem den „bAV-Besuchsauftrag mit Heimvorteil" vor. Besonders wirkungsvoll ist es, wenn Sie von guten Ergebnissen und positiven Erfahrungen aus anderen Unternehmen berichten. So bekommt das Ganze noch etwas mehr „Drive", und Sie versetzen Ihren Gesprächspartner in eine positive Erwartungshaltung. Erzeugen Sie Neugier und Spannung! Dies hilft Ihnen, einen Termin für die Mitarbeiterpräsentation zu bekommen.

Falls Ihr Gesprächspartner äußert, dass er sich bei der Präsentation „raushalten will", so bewerten Sie dies positiv. Freuen Sie sich darüber – er lässt Ihnen vielleicht freie Hand!

Wenn Sie das Gefühl haben, dass es dem Arbeitgeber völlig gleichgültig ist, ob die Belegschaft überhaupt etwas macht, so nutzen Sie diese Haltung auch für sich. Beispielsweise können Sie dann antworten: „Dann lassen Sie es mich doch noch einmal versuchen – kann ja nicht schaden, wenn Ihre Leute die Vorstellung der bAV noch einmal hören, einverstanden? Sie haben doch nichts zu verlieren und wenn nur einer der Teilnehmer etwas macht, sparen Sie Lohnnebenkosten!"

Je nach Situation können Sie oftmals direkt einen Termin für eine solche Präsentation ausmachen oder zumindest erreichen, dass der Dialog weitergeführt wird.

Falls nachgefragt wird, wie Ihr Erfolgskonzept aussieht, so können Sie zum Beispiel antworten: „Wir haben hier im Laufe der Zeit erkannt, dass viele Arbeitnehmer besondere Interessen verfolgen und spezielle Fragen haben. Leider gehen viele Berater auf diese speziellen Bedürfnisse nicht ein oder ziehen nur Ihre einstudierte Präsentation durch. Wir bieten zusätzlich – als Ergänzung zum Workshop – in der Firma ein persönliches Gespräch in vertrauter Umgebung mit dem Lebens- bzw. Ehepartner zu Hause an. Denn der Partner soll ja auch wissen, was sich hinter der bAV verbirgt. Er soll nicht den Eindruck bekommen, dass ab sofort weniger Geld in der Haushaltskasse ist. Die meisten Berater gehen nicht so vor."

Das haben viele Entscheider bisher noch nicht gehört – ein Gespräch zusammen mit dem Partner zu Hause. Und genau das ist der Ansatz! Etwas Neues, das er nicht kennt, sich aber schon vielfach bei Firmen bewährt hat.

Es empfiehlt sich, hierzu in einer vorbereiteten Gesprächs- oder Präsentationsmappe ein Muster für den „Besuchsauftrag zu Hause" bereit zu halten und dann in diesem Moment zu zeigen und zu erklären.

bAV mit Heimvorteil

Wie Sie bestimmt wissen, sind viele Arbeitnehmer manchmal ein bisschen gehemmt, wenn ein Beratungsgespräch in den Räumen des Arbeitgebers stattfindet. Sie reden nicht frei und fühlen sich befangen. Es soll ja niemand hören, was da genau besprochen wird. In den eigenen vier Wänden fühlt sich aber jeder sicher – man hat einen „Heimvorteil".

Viele Menschen reden zu Hause frei und ungezwungen über Wünsche und Sorgen – manchmal sogar über den eigenen Arbeitgeber. Dieses vertraute Terrain und das „Wohlfühlen" sind für den erfolgreichen Verkauf sehr wichtig. Manche Arbeitgeber befürworten sogar genau dieses Beratungsangebot, denn die Beratung geht dann nicht zu Lasten der Arbeitszeit.

Die Verkaufschancen werden also deutlich erhöht, wenn die Beratung beim Arbeitnehmer zu Hause geführt wird. Zusätzlich kann der versierte Verkäufer jetzt auch den gegebenenfalls vorhandenen Lebens- oder Ehepartner kennenlernen. Diese Gelegenheit sollten Sie unbedingt nutzen, denn manchmal hat der Partner andere Wünsche und Vorstellungen was die Altersvorsorge angeht. Es fallen dann oftmals folgende Äußerungen: „Wenn Du die bAV abschließt, dann haben wir ja noch weniger Geld zur Verfügung." „Wir haben doch schon genug Versicherungen." Kommt Ihnen das irgendwie bekannt vor?

Es ist wichtig, dass Sie den heimlichen Mitentscheider kennen und für sich gewinnen. Wenn Sie nicht mitbekommen, dass der zuvor der bAV positiv gegenüber eingestellte Arbeitnehmer von seinem Partner negativ beeinflusst worden ist, zweifeln Sie am Ende noch an sich selbst. Führen Sie sich vor Augen, dass diese heimlichen Mitentscheider oftmals ganz andere Meinungen oder Sorgen haben! Für diese steht vielleicht das Thema

Steuern- und Abgabensparen nicht an erster Stelle, sondern eher die gute und sichere Versorgung. Klären Sie diese Punkte, damit der Abschluss gelingt.

Es hat sich gezeigt, dass es dann auch für viele potenzielle Kunden völlig normal ist, den restlichen Finanzhaushalt gleich mit auf den Prüfstand zu stellen und nicht nur die Fragen bei der bAV zu beantworten, sondern auch alle anderen Verträge unter die Lupe zu nehmen. Außerdem sollte die bAV ja auch genau zum Rest der Verträge wie ein Maßanzug passen und nicht „von der Stange sein". Vielleicht entdecken Sie ja auch zusätzliche Einsparpotenziale bei bisherigen Verträgen oder können ungenutzte Fördermöglichkeiten aufzeigen, die Ihr Kunde nutzen könnte. Selbst wenn er die bAV aus irgendeinem Grund nicht nutzen möchte, haben Sie eine Chance, den Menschen im privaten Bereich zu betreuen. So gelingt Ihnen beides!

Ein zu Hause geführtes Beratungsgespräch bietet sich auch bei Arbeitnehmern an, die oft unterwegs sind. Beispielsweise für Mitarbeiter, die im Außendienst beschäftigt sind, auf Montage oder projektbezogen an anderen Standorten eingesetzt sind. Mit diesen Personen können Sie ganz gezielt individuelle Termine für ein persönliches Gespräch ausmachen. Ort und Termin können dann passgenau vereinbart werden. Sie sind damit nicht mehr an das Büro oder die Firma gebunden und haben somit viel mehr Möglichkeiten, ein Gespräch zu führen und erfolgreich eine bAV zu platzieren.

Bei einer IT-Firma, die ich betreue, war genau das wichtig und entscheidend. Ich machte auch mit den Mitarbeitern, die in Projekten verteilt bei anderen Firmen oder Standorten im Einsatz waren, Gesprächstermine aus. Wäre dies nicht möglich gewesen, so hätte ich vielleicht noch wochenlang warten müssen. Bei einer Anzahl von 40 gut verdienenden IT-Spezialisten wäre dies sehr ärgerlich und bedauerlich gewesen und hätte eine enorme Verzögerung mit sich gebracht.

Zudem sollten Sie bedenken, dass die Begeisterung für eine Sache bekanntlich im Laufe der Zeit sehr stark abnimmt. Dies ist ein weiterer Pluspunkt dieser Vorgehensweise.

Man soll ja bekanntlich „das Eisen schmieden, so lange es heiß ist!" Und nach einer gelungenen Präsentation vor den Mitarbeitern einer Firma gilt es doch, das erzeugte Interesse sofort zu nutzen und möglichst bald die Einzelgespräche mit den Teilnehmern zu führen. Alles, was hier zu unnötigen Verzögerungen führt, kann Ihre Erfolgschancen reduzieren und den angestrebten Erfolg schmälern. Mit dem bAV Besuchsauftrag sparen Sie also auch noch wertvolle Zeit und reduzieren möglichen Ausfall.

Außerdem kann eine Konzentration auf das Firmenkundengeschäft eine starke Abhängigkeit von konjunkturellen Zyklen und Schwankungen mit sich bringen. Da ist es sehr vorteilhaft, gerade solche Durststrecken mit dem Geschäft der Privatkunden aufzufangen oder eine zusätzliche Umsatzquelle zu erschließen. Jeder Arbeitnehmer braucht eine qualifizierte Beratung und auch eine Überprüfung der vorhandenen Versicherungsverträge. Eine Gesamtberatung zu vorhandenen Risiken, getätigten Anlagen und seiner wirtschaftlichen Zukunft ist damit das Gebot der Stunde.

Dieser ganzheitliche Geschäftsansatz ist der Ausgangspunkt für mögliche Empfehlungen und stellt einen entscheidenden Mehrwert gegenüber möglichen Wettbewerbern dar. Denn gerade diesen Schritt in die Privatwelt eines Arbeitnehmers lassen viele bAV Spezialisten „liegen". Sie sollten das nicht tun!

Darüber hinaus erkennen die Beteiligten, dass es Ihnen nicht nur um den schnellen und direkten Produktverkauf geht, sondern dass ein ganzheitlicher Ansatz dahinter stehen: Es soll mit der gesetzlichen Renteninformation, den letzten Gehaltsabrechnungen und den bestehenden Versorgungsverträge ein ausgewogenes Gesamtkonzept erstellt werden, das die Lebensplanung der Arbeitnehmer berücksichtigt.

4 Noch mehr schlagkräftige Argumente

Grundsätzlich ist ohne die Einsicht des Entscheiders bzw. des Unternehmers, dass die Entgeltumwandlung ein wirkungsvolles Personalinstrument darstellt, wenig zu erreichen. Der Verkäufer muss also in der Lage sein, den Unternehmer von der Notwendigkeit und Sinnhaftigkeit der Maßnahme zu überzeugen.

Viele Unternehmen erkennen die Chance, dem Arbeitnehmer im Hinblick auf seine Altersvorsorge zu helfen. Sie sehen darin auch eine Möglichkeit der Wertschätzung ihrer Arbeitnehmer.

Wie können Sie erreichen, dass der Entscheider Sie bei Ihrer Beratung unterstützt? Achten Sie auf die Fragen des Entscheiders: Wenn der Entscheider Sie nach den Gründen Ihrer hohen Akzeptanz in der Belegschaft sowie der hohen Durchdringungsquote fragt, können Sie sich weiter profilieren.

Erläutern Sie, dass eine solche Nachfrage grundsätzlich auf ein starkes Interesse hindeutet und Offenheit signalisiert. Nutzen Sie die Gelegenheit, auf andere Firmen zu verweisen, die ebenfalls die Quote der bAV erhöhen wollten, aber den Weg hierfür nicht wussten.

Ich sage beispielsweise: „Herr Entscheider, wenn einer Ihrer Mitarbeiter eine Entgeltumwandlung mit monatlich 100,00 Euro macht, dann spart nicht nur der Arbeitnehmer circa 20 Prozent dieses Betrages an Sozialabgaben, sondern Sie sparen auch 20,00 Euro Sozialabgaben – und das jeden Monat. Wie wäre es, wenn Sie einen Teil davon als Zuschuss Ihren Mitarbeitern zukommen lassen würden, sozusagen als zusätzlichen Anreiz? Bei vielen Firmen beträgt dieser Zuschuss zehn Prozent."

Entscheidet sich ein Mitarbeiter für die Entgeltumwandlung, so kostet Sie das nichts und Sie haben trotzdem noch zehn Prozent Lohnnebenkosten gespart. Macht ein Arbeitnehmer davon keinen Gebrauch, so kostet es Sie nichts. Manchmal ist es diese einfache Geste eines Arbeitgebers, die die Mitarbeiter besonders motiviert. Außerdem signalisieren Sie damit der gesamten Belegschaft, dass Sie hinter dem Angebot der Entgeltumwandlung stehen und sogar noch Geld dazu geben."

Es gilt jetzt, genau diesen Zuschuss regelrecht zu „verkaufen", um den Erfolg der bAV zu gewährleisten. Je nachdem wie wirtschaftlich stabil die Firma ist und wie sozial der Arbeitgeber eingestellt ist, können Sie sogar die volle Einsparung von circa 20 Prozent als Zuschuss erhalten.

Vielleicht denken Sie jetzt, dass der Arbeitgeber doch einen Vorteil haben soll oder er eventuell die Einsparung vielleicht selbst haben möchte. Doch dies ist nicht so. Es gibt in Zeiten einer Wirtschaftskrise immer noch viele Arbeitgeber, die etwas für ihre Belegschaft tun wollen und bereit sind, die volle Einsparung an die Arbeitnehmer weiterzugeben!

Auch wenn der Arbeitgeber „nur" zehn Prozent dazugibt, demonstriert er damit Zuversicht im Hinblick auf die Zukunft sowie Marktfähigkeit. Außerdem ist dies ein Beleg für die Arbeitsplatzsicherheit.

Diese positiven Signale werden von der Belegschaft aufgenommen. Zusätzlich kann sich durch den Zuschuss die Fluktuation verringern; wichtige Mitarbeiter können enger an das Unternehmen gebunden werden.

Wer jedoch als Verkäufer es im Gespräch nur so darstellt, dass rechtliche Grundlagen für den Arbeitgeber gegeben sind, also eine gewisse Zwanghaftigkeit existiert, vergibt Chancen für den Unternehmer – und für sich selbst. (Zumal diese Aufklärungspflicht seitens des Arbeitgebers nicht existent ist, LAG Frankfurt Juli 2011, – lesen Sie in diesem Zusammenhang den dritten Teil dieses Buches. Dort steht die rechtliche Seite der bAV im Vordergrund.)

Daher sollten Sie auf keinen Fall mit solchen Argumenten reagieren, wenn Ihr Gesprächspartner einen Zuschuss ablehnt und den Vorteil im Unternehmen belassen will. Er wird seine Gründe dafür haben. Wichtig ist, dass er nicht alles sabotiert.

Folgendes Erlebnis möchte ich Ihnen nicht vorenthalten: Ein Apotheker wollte seinen zehn Mitarbeitern diesen Zuschuss nicht zahlen. Er argumentierte mit der Modernisierung seiner Apotheke und den damit verbundenen hohen Investitionen. Zudem wollte er in dieser unsicheren wirtschaftlichen Zeit erst einmal abwarten, wie sich sein Geschäft weiterentwickeln würde.

Trotz allem vereinbarten wir mit ihm, dass er sich für die bAV stark machen und dafür werben sollte. Er erklärte sich bereit, die Präsentation nicht nur gut vorzubereiten, sondern eröffnete die Belegschaftsversammlung mit einer feurigen Rede zur Rentenproblematik. Anschließend empfahl er jedem Mitarbeiter, ein persönliches Gespräch zur genauen Klärung der Fragen zu führen. Durch seine offenkundige Unterstützung erreichten wir, dass sieben seiner Mitarbeiter eine Entgeltumwandlung machten.

Wenn also der Arbeitgeber den Zuschuss für sich oder die Firma behalten möchte, sollten Sie versuchen, eine andere Art der Unterstützung zu erhalten. Gehen Sie keinesfalls auf Konfrontationskurs. Manchmal ist dieses Vorgehen sogar noch erfolgreicher als ein in Aussicht gestellter Zuschuss.

Im Folgenden werden die unterschiedlichen Möglichkeiten der Entgeltumwandlung zusammengefasst.

A. Entgeltumwandlung ohne Zuschuss des Arbeitgebers

Dies kommt leider in der Praxis häufig vor. Der Arbeitgeber ist zwar der Gesetzeslage gerecht geworden, es war aber mehr oder weniger nur eine Pflichterfüllung.

B. Entgeltumwandlung mit Beteiligung des Arbeitgebers

Zielsetzung: Festlegung einer Mischfinanzierung. Der Arbeitgeber beteiligt sich aus den ersparten Lohnnebenkosten mit einem Zuschuss. Das ist ein aktives Personalinstrument mit positiven Wirkungen für das gesamte Unternehmen.

Entscheidend ist dabei, dass so die Durchdringungsquote deutlich erhöht wird und sich in der Regel ein sehr viel positiveres und wirtschaftlicheres Ergebnis ergibt.

Folgendes Beispiel, das von einem Betrieb mit 30 Mitarbeitern ausgeht, verdeutlicht den Sachverhalt:

Entgeltumwandlung ohne Zuschuss des Arbeitgebers:

Durchdringungsquote = 15 Prozent
bei Zahlung eines durchschnittlichen Monatsbeitrages von 100,00 Euro

Fünf Arbeitnehmer mit Entgeltumwandlung à 100,00 Euro

Senkung der Lohnnebenkosten: 100,00 Euro x 12 x 5 Arbeitnehmer = 6.000,00 Euro, davon circa 20 Prozent = 1.200,00 Euro Ersparnis für die Firma

Entgeltumwandlung mit Zuschuss des Arbeitgebers:

Durchdringung von 60 Prozent
18 Mitarbeiter nehmen an der Entgeltumwandlung teil

Senkung der Lohnnebenkosten: 100 Euro x 12 x 18 Arbeitnehmer = 21.600,00 Euro, davon circa 20 Prozent = 4.320,00 Euro Ersparnis

abzüglich Zuschuss des Arbeitgebers (= monatlich 10,00 Euro pro Mitarbeiter = 10 x 12 x 18 = 2.160,00 Euro Gesamtzuschuss) – verbleibt ein Vorteil von 2160,00Euro.

Im Ergebnis wurde die Lohnnebenkostenersparnis von bisher 1.200,00 Euro auf 2.160,00 Euro = circa 1.000,00 Euro zusätzliche Ersparnis für den Arbeitgeber gesteigert.

Fazit: Es lohnt sich für den Unternehmer.

Am besten bereiten Sie dieses Beispiel für Ihre Präsentationsmappe so auf, dass Sie es als Argument im Gespräch mit dem Entscheider einsetzen können.

Falls Ihr Gesprächspartner jetzt etwa einwenden sollte, dass sich der Aufwand wegen der circa 1.000,00 Euro doch nicht lohnt, so fragen Sie ihn, ob er denn bereit wäre, genau diesen Vorteil zusätzlich als Anreiz an die Belegschaft weiterzugeben. Seine Mitarbeiter würden sich darüber bestimmt sehr freuen ...

Jetzt zeigt sich, ob Ihr Gesprächspartner nur geflunkert hat oder ob er wirklich ein Herz für seine Mitarbeiter hat.

Eine entscheidende Signalwirkung wird also erreicht, wenn der Unternehmer einen Zuschuss zur bAV zahlt.

Ein idealer Zeitpunkt für die Installation des Zuschusses ist zum Beispiel die Verwendung von anstehenden Lohnerhöhungen, die normalerweise durch die immensen Abzüge beim Arbeitnehmer nicht ankommen und verpuffen.

Wichtiger Hinweis: Zur Erzielung einer hohen Durchdringungsquote ist nicht nur die Verhandlung mit dem Arbeitnehmer notwendig, sondern insbesondere bei größeren Firmen der Einbezug der Personalleitung und des gegebenenfalls vorhandenen Betriebsrates. Hier hat der Verkäufer die Aufgabe, eine Betriebsvereinbarung oder Versorgungsordnung mitzugestalten.

Es gilt grundsätzlich Folgendes: Je höher der Zuschuss des Arbeitgebers ausfällt, desto höher ist die Akzeptanz in der Belegschaft. Es kann dann eine Durchdringungsquote von bis zu 100 Prozent erzielt werden. Viele Beispiele von besonders erfolgreichen Kollegen belegen dies sehr eindrucksvoll.

Sollten Sie keinen Arbeitgeberzuschuss erzielen können, denken Sie immer daran, Ihrem Gesprächspartner seine persönliche Unterstützung als Ersatz für den Zuschuss abzuverlangen. Denn nur dann kann die Aktion bAV erfolgreich verlaufen und nur auf diese Weise kann der Arbeitgeber auch eine „hohe Lohnnebenkostenersparnis" erzielen, die er ja dann behalten will. Wenn der Arbeitgeber also schon einsparen will, dann soll er kräftig die Werbetrommel für die Idee der bAV und damit auch für Sie rühren.

Ein Gespräch mit dem Arbeitgeber könnte in diesem Zusammenhang folgendermaßen ablaufen:

„Lieber Herr Inhaber, Sie möchten die Einsparung in Ihrer Firma behalten, dann kommt es jetzt ganz besonders auf Ihr persönliches Engagement an! Nur wenn Sie in unserer kleinen Versammlung die bAV empfehlen und uneingeschränkt positiv darstellen, nutzen Ihre Mitarbeiter auch die Vorteile. Und nur dann kann der gewünschte Effekt

mit der Einsparung erzielt werden. Also hängt alles von Ihrer Kommunikation ab: Je mehr Werbung Sie für die bAV machen, umso mehr Mitarbeiter machen mit und umso höher fällt Ihr Gewinn aus."

5 Altersvorsorge des Chefs: die Chance für noch mehr Umsatz

Eine andere Möglichkeit, die Einsparung zu verwenden, ist die Versorgung des Inhabers. Ein Geschäftsführer einer GmbH kann beispielsweise auch von der Möglichkeit der bAV Gebrauch machen. Er kann die Einsparung, die seine Mitarbeiter verursachen, für sich selbst einsetzen!

Die Argumentation könnte dann im Gespräch lauten: „Herr Geschäftsführer, stellen Sie sich vor, Ihre Mitarbeiter nutzen zukünftig die bAV und wandeln Gehaltsanteile um, dann entsteht doch für Ihr Unternehmen ein Vorteil. Diesen Vorteil in Höhe von circa 20 Prozent auf den Beitrag Ihrer Mitarbeiter könnten Sie auch für sich selbst nutzen: Sie könnten sich mit der Einsparung selbst auch eine bAV zahlen. Auf diese Weise erhalten Sie mehr Rente, ohne selbst dafür etwas zu investieren. Wir würden nur die Einsparung dafür verwenden! Haben Sie denn überhaupt eine bAV?"

Mit diesem Hinweis können Sie nun in die Vorsorge des Inhabers einsteigen. Ganz elegant aktivieren Sie wiederum den Geschäftsführer als Motivator und Unterstützer der bAV, da er ja selbst auch die bAV zum „Nulltarif" haben möchte. Also wird er automatisch dafür sorgen, dass möglichst viele Personen in der Belegschaft mitmachen.

Sie können natürlich auch zehn Prozent des Zuschusses für die Mitarbeiter „verkaufen" und die anderen zehn Prozent erhält der Inhaber. Das Ergebnis wäre dann eine eindeutige Win-win-Situation.

Eine andere Variante empfiehlt sich bei Firmen, die nicht so finanzkräftig sind und eventuell auf die Einsparung der 20 Prozent angewiesen sein könnten. Ich argumentiere dann einfach so: „Wenn Sie also 1.000,00 Euro monatlich Sozialabgaben haben, denen keinerlei Aufwand oder Kosten gegenüberstehen, erhöht sich Ihr Firmengewinn – und zwar ohne, dass auch nur eine Arbeitsstunde mehr geleistet wird, ein Auftrag mehr abgewickelt wird oder irgendjemand etwas dafür tut! Diese 1.000,00 Euro gingen bisher als Lohnnebenkosten einfach von Ihrem Konto ab – mit der bAV bleibt genau dieses Geld hier bei Ihnen in der Firma und erhöht Ihre Liquidität und verbessert Ihre Situation!" Wie viel Umsatz müssten Sie denn machen, um 1.000,- Euro Gewinn zu erzielen?

Wie Sie sehen, kann man also auf verschiedene Art und Weise den Arbeitgeber dazu motivieren, das Thema bAV zu unterstützen und deutlich voranzubringen. Nutzen Sie diese Möglichkeiten, um im entscheidenden Moment das Geschäft zu bekommen!

6   Die Präsentation der bAV vor der Belegschaft

Nachdem Ihr Gesprächspartner einer Präsentation vor der Belegschaft zugestimmt hat, kommt nun der große Moment: Jetzt gilt es alles zu geben, um eine möglichst große Resonanz bei der Belegschaft zu erhalten.

Bevor wir eine solche Veranstaltung besprechen, möchte ich Ihnen jedoch noch folgende Fragen stellen:

■ Wann waren Sie das letzte Mal bei einer solchen Präsentation dabei (oder haben Sie eventuell sogar selbst gehalten) und waren selbst so richtig von der Idee der bAV begeistert?

■ Waren Sie selbst angetan von den enormen Vorteilen der bAV? Haben das alle gespürt oder haben Sie einfach nur Fakten erklärt?

■ Waren die Teilnehmer nach der Präsentation offen, neugierig und wollten Termine? Oder war die Stimmung nicht so gut und nur wenige Teilnehmer oder sogar keiner wollte einen Termin mit Ihnen vereinbaren?

Leider springt viel zu oft der Funke nicht über! Bei solchen Präsentationen werden immer wieder die gleichen grundlegenden Fehler gemacht. Anstelle eines lebendigen Workshops, der Betroffenheit erzeugt sowie Neugierde und Interesse weckt, wird ein Fachvortrag mit vielen Spezialbegriffen und komplizierten Steuerberechnungen gehalten. Es werden Tarife erläutert und Besonderheiten des Anbieters oder Beraters erklärt.

Viele Arbeitnehmer wissen meist gar nicht, warum sie überhaupt eine bAV machen sollen. Sie denken, dass Sie doch eine private Riester-Rente laufen haben oder vielleicht noch eine steuerfreie LV-Police haben und somit ausreichend für das Alter vorgesorgt haben. Und genau dort sollten Sie ansetzen!

■ Warum soll ich eine betriebliche Altersvorsorge überhaupt machen?

Bei meinen Vorträgen starte ich genau mit dieser Fragestellung und signalisiere damit, dass ich die Gedanken und Überlegungen der Teilnehmer kenne. Die meisten Referenten erklären Abläufe, Modelle und komplizierte Berechnungen – beantworten aber diese wichtige grundlegende Frage nicht und wundern sich hinterher, dass niemand mitmachen will!

Ich beantworte diese Frage mit einer kurzen Erklärung zur gesetzlichen Rente. Hierzu verwende ich einfach eine Musterauskunft der gesetzlichen Rentenversicherung Bund. Das kennen die Teilnehmer – eine solche Information hat schon jeder einmal erhalten oder gesehen. Nur verstanden haben es die meisten nicht.

Die Informationen auf Seite 2 dieser Mitteilung zur Auswirkung der Inflation auf die zukünftige Versorgung und Steuerbelastung der gesetzlichen Rente kennt kaum jemand. Das ist neu!

Wenn wir jetzt mit dieser Erklärung ansetzen, bringen wir auf der einen Seite also etwas Bekanntes – die Renteninformation, die jeder kennt und schon mal gesehen hat. Das beruhigt die Teilnehmer. Auf der anderen Seite erzielt man mit den Erklärungen zur Inflation, GKV- und Steuerpflicht einen ungeheuren Aha-Effekt. Davon wissen die meisten der Arbeitnehmer nichts und so erkennen sie schnell, dass trotz der gesetzlichen Rente und eventuell vorhandener Privatverträge noch eine große Lücke klafft.

Das hat bisher noch keiner gemacht! Obwohl es doch die Grundlage eines jeden Verkaufs ist! Zuerst das Problem zu nennen und dann erst die Lösung zu präsentieren! Dies ist die Grundlage des Verkaufserfolgs.

Viele bAV-Geschäfte kommen leider nicht zustande, weil der Berater immer nur die Lösung und die Vorteile erklärt, ohne jedoch zuerst das Problem Altersversorgung anhand nachvollziehbarer Fakten aufzuzeigen und beim Namen zu nennen.

Vielleicht denken Sie jetzt: „Ich habe doch einen Rentenbaum in meiner Präsentation – den erkläre ich doch!" Die einzige Frage, die Sie sich stellen sollten lautet: Wie hoch ist die Quote der Personen, die nach der Veranstaltung auch einen Vertrag machen? Ist diese Quote nicht zufriedenstellend, dann sollten Sie das Rentenproblem mehr „verkaufen". Das Interesse der Teilnehmer und damit auch der Umsatz stellen sich dann von ganz alleine ein.

Schlüpfen Sie doch einfach in die Rolle der Teilnehmer und versuchen Sie, deren Erwartungshaltung zu berücksichtigen. Keiner will gelangweilt werden und niemand interessiert sich für ein Produkt, wenn er nicht weiß, wofür er es braucht. Klingt doch einleuchtend, oder?

Eine der ältesten Verkaufsformeln hierzu lautet **P L G**!

Also erst das **P**roblem, dann die **L**ösung und zum Schluss das **G**lücksgefühl!

Bauen Sie Ihre Präsentation entsprechend auf, ändern Sie die Dramaturgie der Problemdarstellung und kürzen Sie die Erklärung der Lösung: Sie werden sensationelle Erfolge erzielen. Probieren Sie es aus!

Voraussetzungen und Empfehlungen für erfolgreiche Belegschaftsveranstaltungen

Workshop anstelle eines Vortrages

- Langweilen Sie nicht mit einem Monolog, sondern bauen Sie immer wieder Fragen ein und fordern Sie die Zuhörer auf, diese zu beantworten und mitzudenken.

- Verwenden Sie Bilder und Beispiele, um die fachlichen Elemente aufzulockern.

- Beziehen Sie die Teilnehmer immer wieder mit ein. Am einfachsten gelingt Ihnen das, wenn Sie einzelne Personen ansprechen oder zum Handeln auffordern: "Kennen Sie das?", „Hat Ihnen das jemand schon einmal so erklärt?", „Schauen Sie doch einmal selbst in Ihrer eigenen Rentenauskunft zu Hause nach." Sie werden schnell merken, ob Ihre Zuhörer dabei sind und aktiv mitmachen.

Je aktiver Sie auftreten, umso höher ist auch die Gesprächsbereitschaft der Teilnehmer. Dies wirkt sich dann auch wieder positiv auf die Durchdringungsquote aus.

Die Präsentation soll lebendig und „griffig" sein

- Vermeiden Sie es, zu fachlich oder zu trocken zu sein. Viele Vorträge orientieren sich nur an den Zahlen und sprechen selten die Emotionen der Teilnehmer an.

- Der Inhalt soll klar, einfach und prägnant dargestellt werden. Er soll Interesse wecken und neugierig machen.

- Die Präsentation muss die Teilnehmer zufriedenstellen und nicht Sie. Dies können Sie an der Anzahl der Beratungen messen.

- Getreu dem Motto: Der Köder soll dem Fisch schmecken – nicht dem Angler!

Maximal 20 bis 25 Teilnehmer

Bei größeren Teilnehmerzahlen verlieren Sie sonst zu schnell den Überblick und erreichen nicht mehr alle Teilnehmer. Und genau das ist doch so wichtig!

Der Funke soll überspringen. Je größer die Teilnehmerzahl ist, desto schwieriger wird dies – besonders für unerfahrene Referenten. Außerdem bekommt sonst die Präsentation schnell einen negativen Beigeschmack einer Großveranstaltung oder einer Massenabfertigung. Versetzen Sie sich auch hier in die Lage der Teilnehmer und fragen Sie sich, ob Sie sich wohlfühlen würden. Spielen Sie den Trumpf einer persönlichen Ansprache aus. Signalisieren Sie damit den Arbeitnehmern, dass Sie individuell und persönlich beraten. Selbstverständlich kann die Größe der Veranstaltung abweichen – sie hängt von der Erfahrung und Stärke des Referenten ab.

Machen Sie es selbst

Der Berater, der anschließend auch die Gespräche mit den Teilnehmern führt, sollte idealerweise diesen Vortrag selbst durchführen. So erhält er eine viel höhere Akzeptanz für die Beratungen.

Oft stellen Produktanbieter/-partner ihre Referenten oder Spezialisten als Redner zur Verfügung. Überlegen Sie, ob Sie das nicht selbst machen können.

Wenn Sie noch nicht so weit sind, können Sie diese Fähigkeit gezielt entwickeln und trainieren. Fangen Sie in kleineren Gruppen mit drei bis fünf Personen an. Sammeln Sie erste Erfahrungen. Wenn Sie dann etwas routinierter sind, erweitern Sie den Teilnehmerkreis. Besuchen Sie gezielt Seminare zu Präsentationstechnik und Moderation, um diese Referentenfähigkeit zusätzlich zu trainieren.

Der Chef ist auch dabei

Der Unternehmer/Inhaber/Verantwortliche sollte den Mitarbeiter-Workshop mit ein paar Worten eröffnen und zum Ausdruck bringen, dass er die Möglichkeiten befürwortet und empfiehlt. Wenn er einen Zuschuss zahlt, soll er als spendabler Chef diesen Zuschuss selbst verkünden.

Alle Teilnehmer wissen somit sofort, dass der Chef dahintersteht! Das erspart im Nachgang unnötige Diskussionen oder Fragen. Außerdem schätzen es viele Arbeitgeber, wenn Sie solch wichtige Neuerungen selbst vorstellen und Ihre Position als Arbeitgeber damit stärken können. Sie sind dann „nur" noch der Referent, der das alles „erklärt".

Fassen Sie sich kurz

Der Zeitrahmen einer bAV-Präsentation inklusive Fragen und Antworten sollte maximal 45 Minuten betragen. Es geht nicht darum, dem Arbeitnehmer ausschweifend und langatmig eine Fachveranstaltung für Insider zu bieten, sondern in leicht verständlicher Form die wesentlichen Merkmale der Entgeltumwandlung zu erklären.

Länger hören die meisten Arbeitnehmer sowieso nicht zu. Findet der Vortrag während der Arbeitszeit statt, wollen Sie doch auch nicht, dass unnötige Arbeitszeit vergeudet wird, oder? Wenn Sie Ihren Vortrag in der Mittagspause oder nach Feierabend (das ist die denkbar schlechteste Variante) halten, geht dies von der Freizeit der Belegschaft ab – dauert das zu lange, werden Ihre Teilnehmer unruhig.

Wer fragt, der führt

Sie sollten die Präsentation auf jeden Fall mit einer Fragerunde beenden. Oft stehen noch kleine Missverständnisse oder ungeklärte Fragen im Raum. Klären Sie diese! Ansonsten sind die Teilnehmer eventuell verunsichert, und es finden aus diesem Grunde weniger Einzelberatungen statt. Sollten die Fragen zu persönlich, zu kritisch oder nicht zielführend sein, so können Sie immer noch auf die Einzelgespräche verweisen.

Außerdem trägt eine Fragerunde zur Abrundung bei. Sie vermitteln den Zuhörern Ihre Bereitschaft alles klären zu wollen und schaffen somit Vertrauen. Fragen, die individueller sind, sollten Sie jedoch nicht im Plenum beantworten. Verweisen sie immer wieder auf die persönliche Beratung, die jeder zur Klärung nutzen sollte. So erhöhen Sie die Anzahl der anschließenden Beratungen.

Die richtige Kleidung

Je nach Zuhörerschaft sollten Sie Ihr Auftreten und Ihre Kleidung anpassen. So sollten Sie zum Beispiel bei gewerblichen Mitarbeitern auf eine Krawatte verzichten oder im Hochsommer das Sakko ablegen. Alles andere wirkt sonst „steif" und schreckt gleich wieder einige der potenziellen Kunden ab. Bleiben Sie aber trotzdem professionell und dem Anlass entsprechend gekleidet. Wie so oft kommt es hierbei auf die richtige Mischung und Dosierung an.

Ende gut alles gut

Sie sollten auf jeden Fall einen Feedbackbogen am Anfang der Veranstaltung austeilen und die Teilnehmer dazu auffordern, diesen auszufüllen. Sie können während des Vortrages die Teilnehmer immer wieder dazu auffordern, verschiedene Punkte anzukreuzen oder Notizen oder Fragen fest zu halten. Sie erhalten auf diese Weise wertvolle Hinweise zu Ihrem Vortrag. Zudem erfahren Sie auch unmittelbar, wer überhaupt Interesse an einem Beratungsgespräch hat.

Wenn Sie erst hinterher in der Firma oder beim Arbeitgeber nachfragen müssen, wer wann Zeit oder Interesse hat, verschenken Sie wertvolle Zeit und reduzieren so Ihre Erfolgsquote deutlich. Holen Sie sich direkt nach dem Workshop mit dem Fragebogen die persönlichen Zahlen für ein Angebot ab und verweisen Sie auf die Beratung. Dort erhalten die Teilnehmer alle weiteren Informationen und persönlichen Details. Zusätzlich bauen Sie natürlich einen weiteren Spannungsbogen auf, da die Teilnehmer jetzt wissen wollen, wie sich das Ganze für sie genau rechnet.

Eile mit Weile

Bleiben Sie nach der Präsentation auf jeden Fall noch da und bieten so Teilnehmern die Möglichkeit, Ihnen direkt im Anschluss persönliche Fragen zu stellen. Am besten räumen Sie ganz langsam Ihre Sachen zusammen und sind so noch ansprechbar.

Oftmals trauen sich Teilnehmer nicht, vor Kollegen Fragen zu stellen. Dies kann unterschiedlich Gründe haben. Entweder weil diese Fragen zu persönlich sind oder weil sie Probleme haben, vor einer Gruppe frei zu sprechen. Ermuntern Sie diese Menschen dazu, an dieser Stelle noch Fragen zu stellen. Dies ist Ihre Chance, Vertrauen aufzubauen und Kompetenz zu zeigen. Jedoch sollten sie immer wieder auf das persönliche Beratungsgespräch verweisen und zu lange Erklärungen vermeiden. Fordern Sie die Teilnehmer auf, persönliche Fragen und Wünsche auf dem Fragebogen zu vermerken und gehen Sie dann erst im Beratungsgespräch darauf ein.

Ganz alleine?

Bei größeren Gruppen sollten Sie idealerweise nicht alleine sein. Je mehr Personen an dem Workshop teilnehmen, desto mehr Berater sollten im Anschluss zur Verfügung stehen, um die Fragen zu beantworten. Außerdem unterstreicht diese Präsenz die Wichtigkeit der Veranstaltung. Bedenken Sie, dass es manchmal auch Teilnehmer gibt, die vielleicht mit Ihnen nicht so ganz „warm" werden, dafür aber Ihrem Teamkollegen Sympathie entgegenbringen.

Austeilung der Unterlagen

Oft werden die bAV Vorträge gehalten, Informationen gezeigt und Präsentationen mit Beamer vorgeführt – aber leider nichts ausgeteilt. Warum?

Nutzen Sie doch im Nachgang das Informationsbedürfnis der Teilnehmer, indem Sie Unterlagen austeilen. Ich selbst teile sogar im Vorfeld einer Präsentation den Vortrag als Handout (mit unserem Firmenkugelschreiber mit Logo und Internetseite) und den Fragebogen aus und fordere die anwesenden Personen auf, aktiv zu werden und sich während der Präsentation eigene Notizen zu machen. So können sie dann später zu Hause – eventuell mit dem Partner/-in – alles in Ruhe noch einmal nachvollziehen. Die Wirkung der selbst geschriebenen Worte ist ja bekannt. Alles was Ihr Teilnehmer also selbst aufschreibt und sogar nachfragt, bleibt im Gedächtnis haften. Dies ist für die spätere persönliche Beratung vorteilhaft.

So zeigt man gleich von Anfang an, dass man nichts zu verbergen hat und hebt sich positiv von anderen Beratern ab. Wichtig dabei ist, dass die Unterlagen professionell aussehen. Selbstverständlich sollten eine Visitenkarte und Unternehmensprospekt oder Flyer beiliegen. So hat der Teilnehmer die Daten auch noch für spätere Kontakte parat.

Es kam bei mir sogar schon vor, dass Mitarbeiter direkt nach der Präsentation keinen Gesprächstermin wollten, aber nach mehreren Monaten sich meldeten und nun – bei einer anderen Firma – den Vorteil nutzen wollten. Zum Zeitpunkt des Workshops hatten diese Personen also schon einen neuen Arbeitsplatz in Aussicht. Sie wollten daher in der alten Firma keine Entgeltumwandlung beginnen. In der neuen Firma wollten sie sich mit diesem Thema beschäftigen. Dieser Arbeitsplatzwechsel war für uns versierte Akquisiteure natürlich eine tolle Gelegenheit, um jetzt das Geschäft zu machen und zusätzlich eine weitere Firma zu gewinnen ...

Schmieden Sie das Eisen, solange es heiß ist

Idealerweise sollten Sie direkt im Anschluss an Ihre Präsentation die Beratungstermine vereinbaren. Eine Möglichkeit besteht darin, feste Tage bzw. Zeiten als Beratungsmöglichkeit anzubieten. Die Firma belegt Ihnen dann diese Zeiten intern mit den einzelnen Personen. Diese Möglichkeit ist vor allem bei Beratungen in der Firma besonders sinnvoll, weil somit auf alle betrieblichen Belange Rücksicht genommen werden kann.

Die zweite Möglichkeit besteht darin, dass Sie allen Teilnehmern – direkt bei Abgabe der Feedbackbögen – einen Termin „mit Heimvorteil" anbieten. Sie vereinbaren dann einen Termin mit dem Teilnehmer bei ihm zu Hause. Weisen Sie darauf hin, dass dann bitte auch der Partner/die Partnerin dabei sein sollte. Sonst ist die Beratung wenig sinnvoll.

Sollte eine direkte Terminvereinbarung nicht möglich oder nicht gewollt sein, können Sie immer noch anhand des Feedbackbogens (auf dem ja die Kontaktdaten stehen) die Teilnehmer anrufen und die Termine ausmachen. Dies ist natürlich etwas aufwändiger als direkt in der Veranstaltung – dafür aber persönlicher.

Wichtig hierbei ist, dass die Termine unbedingt innerhalb von zwei Wochen nach der Präsentation stattfinden sollten. Je mehr Tage verstreichen, umso größer ist die Gefahr, dass der Teilnehmer die Inhalte vergisst. Dies würde sich negativ auf Ihre Erfolgsquote niederschlagen. Außerdem sind doch die Offenheit und die Begeisterung für die bAV direkt im Anschluss an die Veranstaltung am größten und entsprechend hoch ist dann auch die Abschlusswahrscheinlichkeit. Dies sollten Sie unbedingt bedenken!

Einmal ist keinmal

Vielleicht gelingt es Ihnen am Anfang nicht gleich, alle Teilnehmer für die Idee der bAV zu gewinnen. Lassen Sie sich dadurch nicht entmutigen. Bei mir selbst war es zu Beginn oft auch so. Was wir als motivierte Verkäufer nicht immer bedenken ist, dass es manchmal auch wirklich nachvollziehbare Gründe für einige Teilnehmer gibt, noch zu warten. Da ist vielleicht noch der Ratenkredit, der erst in drei Monaten ausläuft oder der Urlaub der erst noch angespart werden muss oder, oder, oder ... jeder kennt diese und ähnliche Situationen.

Deshalb vereinbaren Sie auf jeden Fall eine zweite Veranstaltung (weil es sonst zu viele Teilnehmer bei der ersten sind), eine Wiederholungsveranstaltung oder einen Folgetermin für Einzelgespräche in der Firma. Auf diese Weise können nicht nur die Personen, die das erste Mal verhindert waren, kommen, sondern Sie geben auch den Unentschlossenen oder Zögernden eine Chance, doch noch einzusteigen. Seien Sie immer wieder in der Firma präsent und bringen Sie sich und die bAV in Erinnerung. So gelingt es Ihnen, die Nachzügler einzusammeln.

Ich hatte vor Kurzem folgendes Erlebnis: In den vergangenen Jahren hatte ich mehrmals in einer größeren Praxis vor der Belegschaft eine bAV-Präsentation gehalten. Allerdings teilweise mit nur sehr mäßigem Erfolg und einer wirklich unbefriedigenden Quote von nur ca. 30 Prozent.

Als ich nun das letzte Mal wieder einen bAV-Workshop dort hatte, saßen einige Teilnehmer das zweite oder sogar das dritte Mal dabei und hörten wieder zu. Manche hatten bereits einen Vertrag gemacht, andere noch nicht.

Diesmal war die Reaktion der Teilnehmer jedoch ganz anders als bisher. Ausnahmslos alle Teilnehmer machten nun mit. Andere aus der Praxis erhöhten ihren bisherigen Umwandlungsbetrag. Wir wollten natürlich genau wissen, warum der Erfolg bei diesem Workshop so groß war und fragten deshalb die Teilnehmer in den Einzelgesprächen ganz offen nach den neuen Gründen.

Die Antworten waren alle gleich! Alle hatten einfach länger gebraucht, um den Themenkomplex überhaupt zu verstehen. Und Sie alle kennen die Aussage „Wiederholung bringt Verstärkung." Genau dies war passiert. Einige der Angestellten brauchen einfach eine Wiederholung, um die geballten Informationen aus einer ganz anderen Branche zu verarbeiten und sich dann entscheiden zu können. Hätte ich den Praxisinhaber nicht um eine weitere Chance für einen bAV-Workshop gebeten, hätten wir nicht diese Erfolgsquote zu verzeichnen gehabt.

Übertragen Sie diese Erfahrung auf ähnliche Situationen. Wenn Sie das nächste Mal wieder von einem Geschäftsführer hören, dass „schon mal jemand einen Vortrag zum Thema bAV gehalten hat und keiner wollte mitmachen", wissen Sie wie Sie vorgehen müssen: Bieten Sie die so wichtige Wiederholung an. Und machen Sie dann das Geschäft!

7 Noch mehr Tipps und Zugangswege zur bAV

7.1 BU-Absicherung als Türöffner

Eine weitere Möglichkeit, um an neue bAV-Aufträge zu kommen, ist die Ansprache eines Privatkunden auf Berufsunfähigkeitsschutz (BU). Bestimmt haben Sie das schon erlebt: Sie beraten einen Privatkunden zur Absicherung seiner Arbeitskraft, der Kunde sieht den Sinn Ihrer Beratung, erkennt seine Lücke und will handeln. Ihre Angebote passen und beide Seiten sind begeistert. Doch leider war das Thema Gesundheitsfragen bisher noch nicht Bestandteil der Gespräche und nun kommt das dicke Ende! Der Kunde hat eine Vorerkrankung (Wirbelsäule, Allergie, Verletzung, OP etc.) und der gewünschte Schutz und der erhoffte Umsatz sind nicht möglich, da nicht versicherbar!

In solchen Fällen ergibt sich eine wunderbare Gelegenheit, das Thema bAV anzusprechen und Ihrem Kunden als großen Fan der bAV zu aktivieren. Denn im Rahmen einer bAV gibt es oft die Beitragsbefreiung des Sparvorgangs ohne Gesundheitsfragen oder sogar eine BU-Rente ohne Gesundheitsfragen (oft nur in Rahmen- oder Kollektivverträgen möglich). Für Sie ist dies die große Gelegenheit über Ihren Privatkunden an den Arbeitgeber heranzutreten und so vielleicht eine komplette Firma zu gewinnen, denn der beschriebene Schutz geht oft nur, wenn viele Arbeitnehmer „mitmachen".

Ich selbst habe gerade vor kurzem einen jungen Kfz-Meister zum Thema Arbeitskraftabsicherung (BU) beraten. Leider hatte er vor einem Jahr einen schweren Motorradunfall mit Folgen und der gewünschte BU-Schutz war unmöglich. Mit dem Hinweis, dass der gewünschte Schutz vielleicht doch gehen könnte, wenn er mit seinem Arbeitgeber eine Einigung trifft und dieser ihm im Rahmen der bAV einen BU-Schutz extra gewährt – eventuell auch ohne Gesundheitsfragen – war mein Kunde fest entschlossen, mit dem Arbeitgeber reden und für sich selbst den Schutz zu bekommen.

Können Sie sich vorstellen, wie engagiert und motiviert mein Privatkunde mit seinem Chef gesprochen hat? Ein Kunde bekam sogar die Antwort, dass in dem gesamten Betrieb bisher noch kein Rahmenvertrag oder ähnliche Gruppenlösungen vorhanden seien. Ich wollte daraufhin direkt mit der Personalabteilung telefonieren und den Sachverhalt genau klären. Also rief ich die zuständige Dame sofort an und erfuhr am Telefon, dass es der Arbeitgeber bisher vermieden hätte, Rahmenverträge oder ähnliche Bindungen einzugehen, da das Thema bAV „sowieso nicht viele interessiert". Auf meine Nachfrage, wie viele Mitarbeiter die Firma habe und wie viel davon die bAV nutzen würden, erhielt ich zur Antwort: „Wir haben 200 Mitarbeiter und nicht einmal zehn davon haben eine bAV". Außerdem bestätigte mir die Dame, dass mein Kunde selbstverständlich eine bAV abschließen könne und sogar die vermögenswirksamen Leistungen dort einbringen könnte – auch ein Rahmenvertrag sei möglich „wenn dies zum Vorteil unseres Mitarbeiters ist!" Mein Privatkunde war richtig froh, dass er durch mich und über den Arbeitgeber einen wertvollen Schutz erhalten hat, den er so unter keinen Umständen hätte bekommen können. Er erzählte nicht nur seinen Arbeitskollegen von seiner vorteilhaften Lösung und bewarb die neuen Möglichkeiten der bAV im Kollegenkreis, sondern er berichtet im gesamten Freundes- und Bekanntenkreis über die intelligente Lösung, die er seitdem nutzt.

Selbstverständlich sind bei dem Thema BU-Schutz innerhalb einer bAV viele Dinge zu beachten und dadurch auch eine ausführliche Info sowohl des Arbeitnehmers als auch Beratung des Arbeitgebers unerlässlich. Wenn aber alle Vorzeichen stimmen und alle Informationen in diesem Bereich gegeben wurden, ist gerade dieser Ansatz Berufsunfähigkeitschutz in der bAV besonders wirksam.

Seitdem spreche ich sogar alle anderen Kunden, die gesund sind, auf diese Möglichkeit an und frage immer nach, ob mein Privatkunde nicht die Vergünstigungen („kostet dann nur die Hälfte") über seinen Arbeitgeber nutzen will und wer in seiner Firma für dieses Thema bAV zuständig ist.

Bei den Gesprächen mit den Entscheidern, Inhabern oder Geschäftsführern in Unternehmen bringe ich diesen Beratungsansatz „Berufsunfähigkeit innerhalb der bAV" ebenfalls vor. Dabei hat sich gezeigt, dass viele Entscheider das Thema Gesundheitsfragen kennen und eventuell selbst darunter schon einmal gelitten haben. Ich ergänze dann nur noch dieses Thema mit dem Hinweis, dass auch ein Arbeitgeber im Kampf um Fach- und Führungskräfte sich etwas Besonderes einfallen lassen sollte – dies könnte dann ein solcher Vorteil sein.

Ein Arbeitgeberverband, mit dem wir zur Zeit gerade über die Umsetzung der bAV diskutieren, war für diesen Hinweis sehr dankbar und man berichtete uns, dass das Thema BU im betrieblichen Versorgungswerk als ein entscheidendes Argument im sogenannten „War for Talents" gesehen wird. Wenn man dann noch bedenkt, dass dieses Argument den Arbeitgeber nichts kostet, sondern ein Arbeitnehmer im Rahmen der Entgeltumwandlung diesen Vorteil selbst finanziert, ist dieses Argument unschlagbar.

Außerdem schaffen wir es seitdem auch regelmäßig, Rahmenverträge in Firmen zu platzieren – und das obwohl schon andere Rahmen- oder Kollektivverträge existieren. Auch hier hat uns das Thema BU einen entscheidenden Wettbewerbsvorteil gebracht.

7.2   Kooperationen – mit Networking zum Ziel

Sie kennen bestimmt den Ausspruch: „Kontakte schaden nur dem, der sie nicht hat"? Genau um diese Kontakte innerhalb der Branche geht es in diesem Kapitel.

In der Finanzbranche gibt es die Generalisten und die Spezialisten. Als bereits aktiver oder zukünftiger bAV-Spezialist könnten Sie mit anderen Spezialisten oder Generalisten, die das Thema bAV in ihrer Beratung nicht abdecken oder dort keine Expertise haben, in Kontakt treten und ihnen eine Kooperation anbieten.

Dieses Kooperationsangebot setzt von beiden Seiten nicht nur ein faires Miteinander, sondern einen verantwortungsvollen Umgang mit Kunden und deren Problemen voraus. In der Vergangenheit war die Finanzbranche geprägt von Wettbewerb, konkurrierenden Unternehmen oder rivalisierenden Beratern. Teilweise ist das zwar heute noch so, doch mehrheitlich ist die Branche erwachsen geworden und jeder versucht in seinem Bereich, in dem er selbst Spezialist ist, das Bestmögliche für seinen Kunden oder Mandanten zu bewirken. Unter diesem Gesichtspunkt ist es für Sie besonders vorteilhaft sein, sich mit Kollegen in Verbindung zu setzen, die ihrerseits einen Schwerpunkt zum Beispiel im Bereich Sach- oder Gewerbeversicherung haben und dort ihre Firmenkunden bestimmt toll betreuen. Bieten sie diesen Kollegen eine faire Kooperation mit Provisionssplitting und Kundenschutz an! Denn gerade viele Sachmakler haben wenig Erfahrung und Wissen im Bereich der bAV – kämpfen aber immer öfter mit dem Wettbewerb, der über die bAV in ein Unternehmen kommt und dann auch das Sachgeschäft mitnehmen möchte. Wenn Sie dem Sachmakler für diesen Engpass eine Lösung anbieten, wird dieser in der Regel nicht nur hoch erfreut über die Zusatzeinnahmen sein, sondern sich über den verstärkten Schutz seines Bestandes zukünftig freuen.

Ich selbst praktiziere diese Kooperation auf Augenhöhe mit einigen Kollegen und habe wirklich nur gute Erfahrungen gemacht. Denn viele Kollegen haben großen Respekt (manchmal auch Angst) vor dem Thema der bAV, aber trotzdem auch einen tollen Zugang zur Ihren Firmenkunden und betreuen diese langjährig sehr erfolgreich. Auch die Firmenkunden sind oft froh, wenn sie über einen bestehenden Kontakt, der langjährig gute Erfahrungen brachte, das Thema bAV angehen können. In der Summe ist dies also die oft bemühte Win-Win-Situation.

Gestatten Sie mir an dieser Stelle noch einen besonderen Hinweis: Achten Sie bei diesen Kooperationen auf rechtlich einwandfreie, faire Verträge und verabschieden Sie sich von persönlichen Eitelkeiten. Mit diesen Eitelkeiten ist zum Beispiel gemeint, dass Ihr Vermittlername und Logo immer und überall erscheint. Vielleicht legt der Sachmakler besonderen Wert drauf, einen einheitlichen Markenauftritt unter seinem Namen zu bekommen. In diesem Fall ist es ratsam, diesem nicht nur nachzugeben, sondern das sogar als Vorteil für Sie und das bAV-Geschäft zu nutzen. Der Vorteil liegt klar auf der Hand: Die Mitarbeiter im Unternehmen kennen den Sachmakler namentlich und fühlen sich gut betreut. Wenn hier jetzt ein anderer Name oder ein anderes Logo auftauchen würde, könnte dies Irritationen hervorrufen. Wenn Sie jedoch auf das bewährte Erscheinungsbild des bisherigen Betreuers eingehen und dies für sich nutzen, bringt Ihnen diese Wiedererkennungseffekt und diese Vertrautheit eine erhöhte Abschlussquote und höhere Monatsbeiträge für Ihr bAV-Geschäft.

Eine ähnliche Kooperationsmöglichkeit gibt es im Bereich der Banken und gewerblichen Finanzierung. Sprechen Sie doch Ihren eigenen Bankberater auf eine solche Möglichkeit an und fragen Sie ihn, ob sein Haus oder Institut für solche Fälle feste Vorschriften hat. Gerade im Bereich der Genossenschaftsbanken haben wir hier sehr gute Erfahrungen gemacht.

Ähnlich interessant ist die Zusammenarbeit mit Steuerberatern und Rechtsanwälten. Hier ist es jedoch oft so, dass diese Berater nur zögerlich und sehr verhalten ihre eigene Mandantschaft ansprechen. Daher dürfen Sie sich nicht allzu viel von diesen Berufszweigen versprechen. Wenn es Ihnen jedoch gelingt, eine solche Kooperation zu etablieren, kann diese sehr ertragreich und erfolgreich für Sie verlaufen.

8   Verwendung vermögenswirksamer Leistungen (VL) für die bAV

Selbstverständlich war die vermögenswirksame Anlage für viele Arbeitnehmer eine willkommene Zusatzeinnahme, um alle sieben Jahre in Urlaub zu fahren oder sich sonstige Wünsche oder Anschaffungen zu erfüllen.

Viele Arbeitnehmer – gerade in kleineren Firmen – haben daher meist noch alte, wenig sinnvolle und ungeförderte VL-Verträge. Obwohl sie mittlerweile mit ihrem Einkommen über den bekannten Einkommensgrenzen für die Förderung liegen, besparen sie weiterhin diese unrentablen Verträge.

Das ist eine großartige Chance, als versierte bAV-Verkäufer ins Geschäft zu kommen. Fragen Sie Ihren privaten Gesprächspartner: "Warum tauschen wir denn nicht den ungeförderten Vertrag gegen einen geförderten Vertrag, für den keine Einkommensgrenzen gelten, aus?" Umwandlungsvertrag VL in bAV gibt es weder Einkommensgrenzen noch sonstige Förderhöchstbeträge – ganz im Gegenteil! Je höher die Steuerlast Ihres Kunden ist, desto besser rechnet sich für ihn die Entgeltumwandlung. Also lautet die Botschaft: Anstatt früher bei kleinen Einkommen wenig Förderung zu erhalten, gibt es jetzt die Chance, bei höherem Einkommen und höherer Steuerlast bis zu 100 Prozent Förderung (auf die eigene Sparleistung) zu erhalten. Und schon sind Sie im Gespräch und können alle Einzelheiten und Details erklären.

Hier gilt jetzt wieder die Akquise vom Privatkunden in die Firma hinein (siehe Kapitel 7).

Wenn Sie also zukünftig bei einem Privatkunden wieder einen VL-Vertrag vorfinden, versuchen Sie es doch einfach! Es geht viel leichter als Sie denken!

Selbst wenn es Ihnen beim ersten Versuch nicht gleich gelingt, sollten Sie unbedingt die Reaktion Ihres Gesprächspartners beobachten und daraus Schlüsse für weitere Gesprächs ziehen.

Bitte glauben Sie jetzt aber nicht, dass diese Möglichkeit doch bekannt sein müsste oder dass dies doch jeder nutzt. Genau das Gegenteil ist der Fall! Viele Beraterinnen und Berater beachten das Thema nicht mehr und verschenken so schöne Umsätze und die Möglichkeit, in Firmen zu kommen. Das gilt besonders für kleinere Betriebe!

Gerade weil immer mehr Firmen dazu neigen, diese geförderte Sparform nicht mehr anzubieten oder nur noch bestehende Altverträge bis zum Vertragsende bezahlen zu wollen, suchen sie nach interessanten Alternativen.

Da die normalen vermögenswirksamen Leistungen noch zusätzliche Lohnnebenkosten für den Arbeitgeber verursachen, sind viele Firmen nach sachkundiger Aufklärung oft bereit, die VL-Anlage umzustellen.

Wenn es Ihnen im Gespräch gelingt, den Inhaber, Chef oder Personalverantwortlichen von der Idee zu überzeugen und Sie die Einsparung der Sozialversicherungsbeiträge alleine aus den VL errechnen, bekommen Sie bestimmt eine Gelegenheit, vor dem Rest der Belegschaft nicht nur das Thema „VL-Umwandlung" zu präsentieren, sondern auch die bAV komplett vorzustellen.

Anhand der folgenden Grafik könnte eine Erklärung wie folgt lauten:

Abbildung 8.1 Tabelle AG / AN

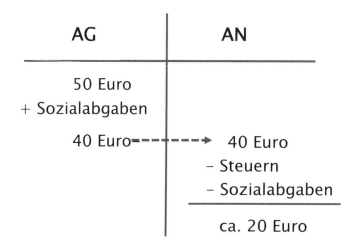

Sie können das Gespräch beginnen mit der Frage: „Zahlen Sie VL? Wenn Ihr Gesprächs-partner dies bejaht, empfiehlt sich folgender Verlauf:

„Lieber Arbeitgeber (Personalverantwortlicher): Wenn Ihre Firma den Beschäftigten VL-Leistungen in Höhe von 40 Euro zahlt, bedeutet dies eine Zahlung von 40 Euro brutto (*dann zeigen Sie auf die AG-Seite mit der Zahl 40*). Dieser Betrag wird dem Arbeitnehmer auf der Gehaltsabrechnung brutto voll gut geschrieben (*jetzt zeigen sie auf den Pfeil bzw. auf die Arbeitnehmerseite mit 40*). Jedoch bekommt der Beschäftigte nicht die 40 Euro aus-gezahlt, sondern davon gehen noch Steuern und Sozialabgaben ab (*jetzt zeigen Sie auf minus Steuern und minus Sozialabgaben*). Ausgezahlt bekommt der Beschäftige in Wirk-lichkeit also nur etwa 20 Euro – je nach persönlicher Steuer- und Abgabensituation.

Aber damit noch nicht genug! Bei Ihnen als Arbeitgeber entstehen ebenfalls anteilige Sozialabgaben und dies erhöht den betrieblichen Aufwand von 40 Euro auf etwa 50 Euro (*jetzt zeigen Sie auf die Arbeitgeberseite oberhalb 40 plus Sozialabgaben und auf die 50*). Konkret bedeutet dies, dass Ihre Firma etwa 50 Euro im Monat aufwendet, die die Belegschaft nicht sieht und nicht einmal die Hälfte davon kommt bei Ihren Mitarbeitern im Geldbeu-tel an.

Da Ihr Mitarbeiter aber einen Sparvertrag über 40 Euro hier im Betrieb abgegeben hat – die ihm nur rund 20 Euro netto bringen - muss er aus dem eigenen Geldbeutel noch einmal etwa 20 Euro dazu zahlen, um den bisherigen VL-Vertrag zu bezahlen.

Lieber Arbeitgeber, hier erkennen Sie, dass eine konventionelle VL-Anlage für alle Beteiligen ein unlukratives Geschäft ist! Für Sie als Betrieb, da Sie fast 50 Euro ausgeben müssen, für Ihre Mitarbeiter, da nur 20 Euro netto ankommen und der Rest bis auf 40 Euro selbst aufgefüllt werden muss!

Wir empfehlen hier etwas anderes. Nehmen Sie die 40 Euro brutto – ohne Zusatzkosten – und lassen Sie dieses Geld auch voll bzw. ungekürzt Ihrem Arbeitnehmer zukommen. Dies geht nur, wenn Sie die vermögenswirksamen Leistungen im Betrieb in bAV umwandeln. Außerdem erzielt Ihr Arbeitnehmer zusätzliche Steuereffekte, so dass die eigentlichen Sparleistungen, die Ihr Mitarbeiter erfährt, nicht wie bisher 20 Euro, sondern rund 70 bis 75 Euro betragen.

Lieber Arbeitgeber, wenn Sie in Ihrem Betrieb mit 50 Mitarbeitern diese Umstellung vornehmen, und nur 40 Mitarbeiter mitmachen, sparen Sie pro Mitarbeiter rund zehn Euro im Monat. Das sind 400 Euro in Summe. Auf das Jahr hochgerechnet, bedeutet dies eine Einsparung von knapp 5.000 Euro in Ihrem Betrieb!

(Strategischer Hinweis: Jetzt empfiehlt sich eine Hochrechnung auf die jeweilige Branche und Betriebsausrichtung der Firma!)

„5.000 Euro weniger Kosten bedeutet sofort eine Gewinnerhöhung um exakt diesen Betrag. Fragen Sie sich, wie viel Umsatz müssten Sie in Ihrem Betrieb machen, um einen Gewinn von 5.000 Euro zu erzielen? Wie viele Arbeitsstunden sind notwendig, um 5.000 Euro Gewinn zu erzielen? Wie viele Kunden, verkaufte Produkte oder abgerechnete Projekte sind hierfür notwendig?

Dies alles ist nicht nötig und kann nur durch diese einzige Maßnahme, die Umstellung der vermögenswirksamen Leistungen, bei Ihnen als Effekt entstehen."

(Hinweis: Wenn Sie jetzt noch bedenken, dass in einem normalen durchschnittlichen Unternehmen in Deutschland die Gewinnmarge bei etwa fünf bis zehn Prozent (branchenabhängig) im Verhältnis zum Umsatz liegt, bedeutet dies für den Betrieb, den Sie haben, ein nicht notwendiger Unternehmensumsatz bzw. Auftragsvolumen zwischen 50.000 und 100.000 Euro.)

Das bedeutet konkret für Sie, dass Sie mit diesem Beratungsansatz in dem oben genannten Beispiel einem Unternehmen den Wert eines Umsatzes zwischen 50.0000 und 100.000 Euro jedes Jahr durch die dauerhafte Umstellung der vermögenswirksamen Leistungen bringen können – und damit verdienen Sie nicht nur direkt gutes Geld bei der bAV - bei den vermögenswirksamen Leistungen, sondern Sie haben die zusätzliche Chance, jedem Arbeitnehmer eine freiwillige Erhöhung der Sparrate zu verkaufen.

Nach unserer Erfahrung machen etwa 30 Prozent der Belegschaft davon Gebrauch, so dass sich das Umsatzvolumen noch einmal für Sie erhöht. Und der große Vorteil ist, dass

Sie mit jedem gesprochenen Arbeitnehmer im Rahmen eines persönlichen Beratungsgespräches eine zusätzliche Möglichkeit zum Cross-Selling haben.

Sie sehen also: eine hochinteressante Möglichkeit, aus Ihrem bestehenden Privatkundenkreis in die Firmen hineinzukommen.

Bitte beachten Sie als Ergänzung die rechtlichen Hinweise zum Thema VL-Zuschuss im dritten Teil dieses Buches.

8.1   Entgeltumwandlung bei Minijobs

Es ist verständlich, dass viele bAV-Verkäufer bei der Ansprache von Betrieben die Firmen ausgelassen haben, die entweder Mitarbeiter mit Minijobs beschäftigen oder die Einzelfirmen (meist Kleingewerbe) sind, bei denen Familienangehörige (zum Beispiel Ehefrauen oder Kinder) arbeiten.

Doch diese stellen eine sehr interessante Zielgruppe dar; denn hier besteht Nachholbedarf.

Die Anzahl der Minijobverhältnisse steigt unaufhaltsam. Ein attraktiver Nettolohn auf der Arbeitnehmerseite und geringe Personalkosten auf Arbeitgeberseite machen Minijobverhältnisse zu einem beliebten Personalinstrument.

Geringfügig Beschäftigte sind von der Sozialversicherungspflicht befreit. Der Arbeitgeber leistet eine pauschale Abgabe an die Knappschaft (Minijob-Zentrale). Dadurch erwirbt der Arbeitnehmer nur sehr geringe Ansprüche in der gesetzlichen Rentenversicherung. Eine zusätzliche Vorsorge ist für diese Zielgruppe also besonders wichtig.

Die Ausgangslage:

- ■ Minijobs haben keinen Rechtsanspruch auf Entgeltumwandlung.

- ■ Innerhalb der 400 Euro-Grenze ist eine Entgeltumwandlung nicht sinnvoll, da dieser Lohn sowieso keine Abgaben enthält.

- ■ Eine Ausweitung des Beschäftigungsverhältnisses ist nicht gewünscht, da die Brutto-Netto-Situation für Arbeitgeber und Arbeitnehmer nicht interessant ist.

Die Lösung:

- ■ Anstatt eine Lohnerhöhung zu gewähren (die beide Seiten nicht wollen), wird eine betriebliche Altersversorgung installiert, die der Arbeitnehmer durch Mehrarbeit finanziert.

Tabelle 8.1   Rechenbeispiel

	Arbeitszeit 40 Std. / Monat	Arbeitszeit 50 Std. / Monat
Monatliches Gehalt	400 Euro	400 Euro
Arbeitgeberfinanzierter bAV-Beitrag	0 Euro	100 Euro
Arbeitnehmervergütung	400 Euro	500 Euro
Lohnnebenkosten Arbeitgeber	120 Euro	120 Euro
Auswirkungen für den Arbeitgeber		
Gesamtaufwand Arbeitgeber	520 Euro	620 Euro
Arbeitskosten je Stunde	13 Euro	12,40 Euro
Auswirkungen für den Arbeitnehmer		
Nettoeinkommen	400 Euro	400 Euro
Monatlicher Rentenanspruch	127,50 Euro aus der Deutschen Rentenversicherung (DRV)	377,50 Euro aus DRV und bAV

Das Resultat:

Dies ist also eine echte Win-win-Situation für alle Beteiligten! Denn der Arbeitgeber erhält mehr Produktivität und der Arbeitnehmer eine zusätzliche Altersversorgung ohne die sonst üblichen Abgaben von Lohnsteuer und Sozialversicherungsbeiträgen.

Voraussetzungen:

■ Eine Unterschreitung eines geltenden Mindestlohnes durch die Erhöhung der Arbeitszeit ist nicht zulässig.

■ Die bAV muss mit sofortiger vertraglicher Unverfallbarkeit installiert werden.

■ Wahrung des Gleichbehandlungsgrundsatzes, Einschaltung des Betriebsrates (sofern vorhanden) bei Anpassung des Arbeitsvertrages.

Tabelle 8.2   Gegenüberstellung der Vorteile von Arbeitgeber und Arbeitnehmer

Vorteile für den Arbeitgeber	Vorteile für den Arbeitnehmer
Sozialabgabenfreiheit der Beiträge	Beitrag ist steuer- und sozialabgabenfrei
Beiträge sind Betriebsausgaben	Minijobverhältnis bleibt unberührt
Mitarbeitermotivation	zusätzliche Rentenanwartschaft
Steigerung der Produktivität durch Mehrarbeit	Übertragung bei Arbeitgeberwechsel gewährleistet

8.2   Mitarbeitende Familienangehörige

Die mitarbeitenden Familienangehörigen – insbesondere Ehepartner – stellen oft eine sehr wichtige Stütze bei kleinen und mittelständischen Unternehmern dar. Bisher war für diese Zielgruppe, besonders wenn Sie geringfügig beschäftigt waren, ein Aufbau einer betrieblichen Rente in der Regel nicht sehr bekannt und das ist wiederum eine tolle Gelegenheit für uns!

Früher führte eine voll ausgeschöpfte betriebliche Altersversorgung relativ schnell zu einer Überversorgung des Familienangehörigen, sodass diese vom Finanzamt meist nicht anerkannt wurde. Die Beiträge für die bAV wurden nicht als Betriebsausgaben anerkannt und somit war die Versorgung uninteressant geworden. Ein aktuelles Urteil sorgt nun für eine ganz neue Situation für diese Zielgruppe.

Aufgrund der neuen Rechtsprechung kann eine normale Entgeltumwandlung in Höhe von vier Prozent der Beitragsbemessungsgrenze (der Deutschen Rentenversicherung) problemlos durchgeführt werden. Die früher übliche Angemessenheitsprüfung entfällt komplett. Voraussetzungen: Die Beiträge müssen wirklich in der im Vertrag geregelten

Höhe auf eine Versorgung für den Partner fließen, und es muss sich bei der bAV zwingend um eine Barlohnumwandlung handeln!

Ist der Familienangehörige geringfügig beschäftigt (Minijob), so sollte der monatliche Lohnanspruch zunächst erhöht werden und vielleicht auch tatsächlich über mehrere Monate zunächst ausbezahlt werden, um anschließend eine betriebliche Altersversorgung durch Entgeltumwandlung zu installieren.

Beispiel:

Mitarbeitende Ehegattin; 400,00 Euro monatlich; Gehaltserhöhung 220,00 Euro auf 620,00 Euro monatlich.

Dieses Gehalt wird einige Monate ausbezahlt, anschließend Entgeltumwandlung über 220,00 Euro monatlich, sodass das ursprüngliche Minijobverhältnis wieder hergestellt wird.

Selbst wenn eine Beschäftigung des Partners/-in bisher noch nicht vorlag, sollten Sie alle Selbstständigen und Unternehmer auf diese Möglichkeit hinweisen. Es gibt für Selbstständige keine bessere Gelegenheit aus steuerpflichtigem Firmengewinn so viel privates Nettovermögen zu generieren.

9 Ihr Highlight - das Verkaufsgespräch

Ein Verkäufer ist ein Experte seines Berufes. Er muss fähig sein, eine sachlich komplexe Materie einfach auf den Punkt zu bringen. Einfach und klar müssen alle Gesichtspunkte – Positives wie Negatives – zur Sprache gebracht werden. Auf diese Weise erzielt jeder Verkäufer einen enormen Wohlfühlfaktor beim Kunden.

Indem der Kunde auch die Schattenseiten eines Produktes bzw. die Kehrseite der Medaille erfährt, wird sein Vertrauen zum Berater gestärkt. Und oftmals ist es genau dieses i-Tüpfelchen, das das „Ja" des Kunden herbeiführt.

Sie sollten gerade bei der bAV niemals von diesem Grundsatz abweichen: Es gibt genug Besonderheiten oder Eigenarten der bAV, die nicht jeder gut findet. Wenn Sie diese negativen Punkte ganz offen ansprechen, wird Ihr Kunde dies entsprechend honorieren.

Sie haben bestimmt Ihr eigenes Konzept und Ihre Strategie im Verkauf. Das ist gut so und soll auch so bleiben! Wir haben nicht den Anspruch, ein einziges Gespräch oder ein einziges Argument als das Beste oder das einzig Wahre darzustellen. Entscheidend ist Ihre Persönlichkeit, die Sie nicht verbiegen sollten. Aus diesem Grunde bekommen Sie nun einen schematischen Ablauf der Inhalte vorgestellt, die Sie im Gespräch mit den Arbeitnehmern berücksichtigen sollten. Verzichtet haben wir auf ein sogenanntes Mustergespräch, das vielleicht gar nicht für Sie passend wäre.

Wichtig ist es bei der persönlichen Beratung auf jeden Fall, die/den Partner/in mit in die Versorgung einzubeziehen.

1. *Grundlagen*

    – Fragebogen mit dem Rentenwunsch/Lebensplanung
    – gesetzliche Renteninformation
    – bestehende Versorgungsverträge und Anlagen für die Rente

2. *Auswirkungen des Aufwandes für eine Entgeltumwandlung durch die Darstellung einer Betrachtung vor und nach der Entgeltumwandlung.*

    – Erkennbar sind die Höhe des Beitrages zur Entgeltumwandlung (gegebenenfalls mit Arbeitgeberzuschuss) und die Auswirkung auf die Nettoauszahlung.

    Eine korrekte Erklärung zu den einzelnen Punkten verhindert Rückfragen und gibt dem Arbeitnehmer die Gewissheit, richtig gehandelt zu haben. Er bekommt bestätigt, dass die Beratung sachlich korrekt ist.

    Kleiner Hinweis: Immer wieder taucht die Frage auf, mit welcher Software ich arbeite oder ob ich ein entsprechendes Finanzplanungstool empfehlen kann. Ich selbst arbeite gerne mit den Programmen der Anbieter der bAV. Nicht nur weil hier die Haftung für die Ausrechnung reduziert wird, sondern weil auch gleichzeitig Besonderheiten in den Tarifen des jeweiligen Anbieters berücksichtigt werden können. Diese Besonderheiten könnten zum Beispiel Mindestrenten, Todesfallleistungen oder Verrentungsformen sein. Außerdem sind die Programme der Anbieter mittlerweile sehr weit fortgeschritten und qualitativ wirklich sehr hochwertig.

3. *Darstellung der Versorgungsleistungen und Verbesserung seiner Gesamtversorgung durch garantierte Leistungen und der Leistungen inklusive Überschüsse*

4. *Steuerliche Behandlung bei Fälligkeit der Versorgungsleistungen*

    Den steuerlichen Vergünstigungen in der Ansparphase steht bei Zahlung der Leistungen eine Steuerpflicht gegenüber. Diese Steuerpflicht ist jedoch meist sehr geringfügig, weil sie in der Altersruhezeit als Rente in Anspruch genommen wird. Diese Aussage ist dann zutreffend, wenn neben den Versorgungsleistungen nur geringe Einkünfte vorhanden sind (= Normalfall)

5. *Abschlusssituation*

    Viele Verkäufer erkennen leider oft in dem Verkaufsgespräch die Entscheidungsphase nicht und sprechen einfach ungehemmt weiter. Sie fragen sogar, ob ihr Gegenüber daran interessiert ist, ob noch sonstige Fragen vorhanden sind (= Verlegenheitsfrage) und ob er den Abschluss will.

    Bedenken Sie: Wenn Sie alle genannten Punkte besprochen haben, also alles geklärt ist, dann dürfen Sie den Abschluss nicht zerreden. Mit Fragen nach seinem Interesse stellen Sie doch alles in Frage und geben Ihrem Gesprächspartner zu verstehen, dass Sie selbst nicht sicher sind, ob das Ganze wirklich gut ist und Sinn macht.

Im richtigen Moment gibt es für Sie nur <u>eine</u> einzige Entscheidungsfrage: „Der Nettoaufwand beträgt xy Euro, **geht das**?"

Es gibt nur folgende Möglichkeiten! Entweder Ihr Gesprächspartner stimmt zu und Sie nehmen zunächst den Antrag auf Umwandlung in die Hand und erst als zweites Formular den eigentlichen Versicherungsantrag oder er zögert bzw. lehnt gar ab.

Im letzteren Fall dürfen Sie auf keinen Fall anfangen, zu diskutieren. Antworten Sie vielmehr mit der Frage: „**Was geht dann**"?

Lassen Sie sich dann den Beitrag nennen, auch wenn es etwas dauert. Bitte sagen Sie direkt nach der Frage nichts mehr, sondern seien Sie auf jeden Fall still! Sie kennen doch bestimmt die alte Verkäuferregel für solche Situationen: Wer dann zuerst redet, hat verloren ...

Formulieren Sie die Fragen knapp und präzise. Je mehr Worte Sie in die Fragestellung hineinpacken, desto schwerer hat es Ihr Gesprächspartner, die Frage zu verstehen.

10   Cross-Selling - Nach dem Verkauf ist vor dem Verkauf!

Es ist psychologisch hoch interessant zu erkunden, warum nach einem gelungenen Verkauf kein weiterer Verkauf mehr erfolgt. Natürlich freut man sich über den Abschluss und die Einnahme; das sollte jedoch nicht den Blick für weitere Geschäfte verbauen. Leider ist es aber häufig so, dass das Nächstliegende nicht erkannt wird: Wir schauen lieber in einen wunderschönen, wolkenlosen Sommerhimmel als uns zu bücken und weitere Ernte einzufahren.

Wenn man einen Verkäufer fragt, ob es noch weitere Geschäftschancen gibt, sagt er sofort voller Überzeugung: Natürlich! Er muss aber auch seine Antennen ausfahren, ausrichten und so neue Geschäftsmöglichkeiten erspähen; er muss das Fingerspitzengefühl für das Geschäft haben.

Der Kontakt zu einer Firma und zur Belegschaft bietet ein immenses Potenzial. Sie haben sich durch die qualifizierten Besprechungen mit dem Unternehmer und den Arbeitnehmern schon profiliert. Dies ist eine ideale Ausgangslage für ein weiteres Geschäft!

Die vom Unternehmer erkannte Persönlichkeit, Kompetenz und Fähigkeit zur Realisierung hilft dabei, sämtliche Versicherungsfragen einer Firma anzusprechen. Das ganzheitliche Konzept ist jetzt Trumpf! Beachten Sie bitte hierzu auch den Teil 3.

Es gibt eine Fülle von interessanten Fragen, die den gewonnenen oder vorhandenen Geschäftskontakt ganz leicht erweitern lassen.

Es ist zu einseitig, sich nur auf das Firmenkundengeschäft zu konzentrieren. Jeder Arbeitnehmer braucht eine qualifizierte Erfassung seiner Risiken und Durchleuchtung seiner Versicherungsverträge. Ein ganzheitlicher Ansatz wird dabei immer vordringlicher.

Ein besonderer Anreiz ist dann gegeben, wenn die Entgeltumwandlung innerhalb eines 30- bis 45-minütigen Gesprächs in der Firma zustande gekommen ist.

Denn dieser Geschäftsansatz ist der Ausgangspunkt für neue Empfehlungen in der Firma und innerhalb der Belegschaft. Diesen ganzheitlichen Ausgangspunkt benötigen Sie, wenn es in der Firma zu Personalveränderungen kommt.

Fazit

Wenn Sie diese einfachen Grundregeln beachten sowie engagiert und entschlossen ans Werk gehen, werden Sie erfolgreich abschließen. Seien Sie mutig, dann werden Sie schnell feststellen, dass die bAV auch für Sie das Schlaraffenland werden kann.

Bei allen Ihren Verkaufsaktivitäten wünsche ich Ihnen

VIEL ERFOLG!

Rechtliche Grundlagen der Entgeltumwandlung

Felix Hänsler

1 Einleitung

1.1 Entwicklung der bAV

Die wesentlichen Rechtsgrundlagen einer bAV sind arbeitsrechtlicher Art, auch wenn andere Faktoren wie betriebswirtschaftliche oder personalwirtschaftliche Aspekte von hoher praktischer Bedeutung sind.[1] Eine bAV wird dem Arbeitnehmer aus Anlass seines Arbeitsverhältnisses zugesagt,[2] sodass die Zusage immer eine Ergänzung bzw. Bestandteil des Arbeitsvertrages ist.

Grundsätzlich konnte der Arbeitgeber bis zum 01.01.2002 nicht verpflichtet werden, betriebliche Versorgungsleistungen zu gewähren. Sie waren demnach als eine freiwillige Sozialleistung des Arbeitgebers zu werten.[3] Dies hatte in der Vergangenheit zur Konsequenz, dass sich insbesondere die kleinen mittelständischen Unternehmer nicht mit dem Thema bAV auseinandergesetzt hatten.

Durch die Novellierung des Betriebsrentengesetzes 2001 (BetrAVG) wurde den Arbeitnehmern jedoch ein einklagbarer Rechtsanspruch auf bAV durch Entgeltumwandlung[4] eingeräumt. Dadurch hat jeder Arbeitnehmer das Recht, bis zu vier Prozent der BBG der gesetzlichen Rentenversicherung von seinen künftigen Entgeltansprüchen in bAV umzuwandeln.[5]

---

[1] Vgl. Kemper/Kister-Kölkes (2002), Rz 4.

[2] Vgl. Ahrend/Förster/Rühmann (2003), § 1, Rz 10.

[3] Vgl. Kemper/Kister-Kölkes (2002), Rz 5.

[4] Vgl. § 1 a BetrAVG.

[5] Vgl. Langohr-Plato (2003), Rz 229.

H.-G. Schumacher et al., *Entgeltumwandlung – mit System zu höheren Durchdringungsquoten*, DOI 10.1007/978-3-8349-4557-0_3, © Springer Fachmedien Wiesbaden, 2013

Der persönliche Geltungsbereich ist durch das Altersvermögensgesetz (AVmG) im Bereich der Entgeltumwandlung eingeschränkt worden.[6] Berechtigt sind demnach nur die in der gesetzlichen Rentenversicherung pflichtversicherten Arbeitnehmer. Diese können beim Arbeitgeber das Recht auf Entgeltumwandlung durchsetzen. Der Anspruch gilt für Vollzeitbeschäftigte, Teilzeitbeschäftigte, geringfügig Beschäftigte, befristet Beschäftigte und auch für arbeitnehmerähnliche Personen (zum Beispiel minderheitsbeteiligte GGF), sofern eine Pflichtversicherung in der gesetzlichen Rentenversicherung vorliegt.[7]

Diese wesentliche Änderung des BetrAVG macht es für jeden Arbeitgeber zwingend erforderlich, sich mit der Materie der bAV zu beschäftigen. Versäumt ein Unternehmer dagegen, sich rechtzeitig dem Gebiet der bAV anzunehmen, kann das dem Arbeitgeber weit reichende Verpflichtungen auferlegen.

Kernaussagen:

BIS 2002 freiwillige Sozialleistung des Arbeitgebers.

SEIT 2002 Rechtsanspruch auf Entgeltumwandlung.

JEDER Arbeitgeber muss sich mit der bAV beschäftigen.

1.2 Direktversicherung und Pensionskasse: die „Königswege" der betrieblichen Altersvorsorge für den Mittelstand

Jeder Arbeitgeber möchte bei der Installation einer bAV (auch Entgeltumwandlung) wissen, welche zusätzlichen Belastungen er sich damit „einkauft". Diese Belastungen können in Form von Mehrkosten, größerem Verwaltungsaufwand, zusätzlichen Verpflichtungen oder Haftungsrisiken in Erscheinung treten. Die Antwort bei den „einfachen Durchführungswegen" lautet dazu häufig lapidar:„zusätzliche Kosten, einfache Handhabung". Dass dies so nicht richtig ist, werde ich im Folgenden aufzeigen (verbunden mit zahlreichen praxisorientierten Tipps, um diese unerwünschten „Nebeneffekte" möglichst zu vermeiden bzw. einzuschränken).

Von den fünf möglichen Durchführungswegen haben sich seit dem 1.1.2002 vor allem zwei als scheinbar besonders einfach und kostengünstig für den Mittelstand in der Praxis durchgesetzt: die Direktversicherung und die Pensionskasse. Seit 2005 unterliegen diese beiden Durchführungswege darüber hinaus der gleichen steuerlichen Förderung, sodass eine Abgrenzung nur noch über den Träger der Versorgung gegeben ist.

---

[6] Vgl. Ahrend/Förster/Rühmann (2003), § 17 Rz 2.

[7] Vgl. Kemper/Kister-Kölkes (2002), Rz 283.

Während bei der Direktversicherung die Lebensversicherungen der einzelnen Gesellschaften als Träger fungieren, sind die Pensionskassen eigene rechtliche Versorgungseinrichtungen. Diese wurden mit der Novellierung des Gesetzes zur Verbesserung der betrieblichen Altersversorgung (BetrAVG) und dem einhergehenden Rechtsanspruch auf Entgeltumwandlung vielfach von den Gesellschaften in Form einer AG gegründet. Zu dieser Zeit war eine Umsetzung über die Direktversicherung noch nicht möglich, da diese in der Einzahlungsphase der Lohnsteuerpauschalierung unterlag.

Kernaussagen:

Direktversicherung und Pensionskasse sind für den Mittelstand besonders geeignet.

Seit 2005 gilt die gleiche steuerliche Fördervorschrift für beide Durchführungswege.

1.3 Im Blickpunkt: kleine mittelständische Unternehmen

In den folgenden Ausführungen beziehe ich mich ausschließlich auf kleine mittelständische Unternehmen bis etwa 200 Mitarbeiter. Für sie stellt das Gebiet der bAV eine unbekannte Rechtsmaterie dar. Im Gegensatz zu großen Unternehmen können sie nicht auf das Know-how einer eigenen Personalabteilung oder juristischen Abteilung zurückgreifen: Bei der Installation und laufenden Durchführung der bAV steht ihnen niemand mit fachlicher Kompetenz zur Seite. In der Regel wird die Hilfe des Steuerberaters oder der Lohnbuchhaltung gesucht, die ebenfalls keine *rechtliche* Expertise für die bAV haben. Häufig wird auch der Versicherungsvertreter/-makler, der die übrigen Betriebsversicherungen betreut, herangezogen, der seinerseits eher selten über eine Expertise im Bereich der bAV verfügt.

Meistens trifft man allerdings in diesem Segment nach wie vor auf Unternehmen, die in diesem Bereich nur auf Anfrage eines interessierten Mitarbeiters reagieren und keine Lösung oder ein geeignetes Versorgungskonzept bereithalten. Der Unternehmer verlässt sich auf den einzelnen Abschlussvermittler des Mitarbeiters, ohne Kenntnis, ob dieser über das notwendige Know-how im komplexen Bereich des bAV-Dschungels verfügt.

Kernaussagen:

In kleinen mittelständischen Unternehmen ist meist kein Know-how für die bAV vorhanden.

Die meisten kleinen mittelständischen Unternehmen sind noch ohne Konzept, sondern sie werden meistens durch die Mitarbeiter fremdbestimmt.

2   Rechtsanspruch auf Entgeltumwandlung

2.1   Auskunfts- und Informationspflichten des Arbeitgebers

Ausgangslage

Vor der Einführung des Rechtsanspruches auf Entgeltumwandlung gab es wenig Anlass, sich mit Auskunfts- und Informationspflichten des Arbeitgebers im Rahmen der bAV zu beschäftigen. Dies ist vor allem darauf zurückzuführen, dass die bAV eine freiwillige Sozialleistung des Arbeitgebers war. Der einzelne Arbeitnehmer hatte keine Entscheidungsmöglichkeiten, sondern die Art der Versorgung war fest vorgegeben.[8]

Mit dem AVmG 2001 und dem dadurch begründeten Rechtsanspruch auf Entgeltumwandlung, der Erweiterung der Durchführungswege und den vielfältigen steuerlichen Förderungsmöglichkeiten hat sich dieses Bild aus Sicht der Arbeitnehmer gewandelt. Der Informationsbedarf auf Seiten der Arbeitnehmer ist enorm gestiegen.

Es stellt sich nun aufgrund der neuen Gesetzeslage sowie der Möglichkeiten der staatlichen Förderung (§ 1a BetrAVG) die Frage, ob der Arbeitgeber eine Informationspflicht gegenüber dem Arbeitnehmer hat. Wäre eine derartige Informationspflicht zu bejahen, so befände sich der Arbeitgeber unter Umständen in einem Interessenskonflikt, da seine Interessen anders ausgerichtet sein könnten als die der Arbeitnehmer. Außerdem ergibt sich speziell in kleineren Betrieben ein praktisches Problem, da der Arbeitgeber selbst nicht ausreichend informiert ist und demzufolge den Rat von Dritten einholen müsste. Die aktuelle Novellierung des Versicherungsvertragsgesetzes (VVG) hat ebenfalls eine Ausweitung der vorher nicht gesetzlich geregelten Beratungs- und Informationspflichten zur Konsequenz.[9]

Zunächst ist die Entgeltumwandlung immer ein Bestandteil des Arbeitsvertrages. Daraus ergeben sich Fürsorge- und Informationspflichten des Arbeitgebers gegenüber dem Arbeitnehmer. Fraglich ist aber, wie weit diese Pflichten gehen und wie viel Aufklärung und Beratung nötig ist.[10]

---

[8] Vgl. Doetsch (2003), S. 48.

[9] Vgl. Reinecke (2009), S. 13

[10] Vgl. Doetsch (2003), S. 48.

Der Arbeitgeber ist zur Aufklärung im Rahmen seiner Fürsorgepflicht nur dann verpflichtet, wenn er bei der Geltendmachung des Anspruchs eindeutige Nachteile für seinen Arbeitnehmer erkennt und davon ausgehen muss, dass der Arbeitnehmer diese Nachteile bei seiner Entscheidung nicht berücksichtigt hat. Die Grenze einer Aufklärungspflicht ist aber immer dann gegeben, wenn der Arbeitgeber selbst keine Kenntnisse über eventuell entstehende Nachteile hat. [11]

Diskutiert wird zudem, ob und inwieweit der Arbeitgeber seine Arbeitnehmer über die Möglichkeit einer betrieblichen Altersversorgung informieren muss. Entscheidend ist hierbei, ob der Arbeitgeber von sich aus seine Arbeitnehmer über den Anspruch unterrichten muss.

Die aktuellen Urteile aus 2011 (LAG Hessen vom 27.07.2011 sowie ArbG Freiburg vom 16.08.2011) bestätigen die bisherige Rechtslage. Der 2002 eingeführte Rechtsanspruch auf Entgeltumwandlung ist eine Holschuld des Arbeitnehmers; das heißt, der Arbeitnehmer muss sein Recht beim Arbeitgeber einfordern. Der Arbeitgeber hat also nach beiden Urteilen keine explizite Aufklärungs- und Informationspflicht. Darüber hinaus wurde im Freiburger Urteil (RN 26) auch geklärt, dass sich auch über das Nachweisgesetz keine zwingende Verpflichtung des AG ergibt, auf den Inhalt des § 1a BetrAVG hinzuweisen.

Die Sachlage ändert sich immer dann, wenn der Arbeitnehmer aktiv auf den Arbeitgeber zugeht. Ermöglicht der Arbeitgeber in diesem Fall keine Durchführung des Rechtsanspruches, hat dies zweifelsohne eine vollumfängliche Arbeitgeberhaftung aus dem entstandenen Schaden zur Folge. Genauso problematisch ist es, wenn der Arbeitgeber zum Beispiel bewusst ein denkbar schlechtes Angebot vorhält, um die Belegschaft von der Teilnahme abzuhalten.

Auch wenn der Arbeitgeber bisher nur einzelne Arbeitnehmer über die Möglichkeiten informiert hat, ergibt sich draus keine Auskunfts- und Informationspflicht. In diesem Fall liegt die Initiative immer noch zumutbar beim Arbeitnehmer.

Geht dagegen die Initiative vom Arbeitgeber aus (zum Beispiel zur Steigerung der Mitarbeiterbindung), dann kommt der Aspekt der Fürsorgepflicht/Gleichbehandlung zum Tragen, mit einer einhergehenden Hinweis-, Informations- und Angebotspflicht.

In der Praxis wird diese durch Arbeitnehmer-Workshops (Belegschaftsveranstaltungen), Schwarzes Brett bzw. die Gestaltung einer Versorgungsordnung umgesetzt. An dieser Stelle sollte zwingend von jedem Arbeitnehmer eine Bestätigung (Enthaftung) für die Personalakte eingeholt werden.

In dieser Form wurden in der Vergangenheit sehr viele Belegschaften informiert, fraglich ist allerdings, ob drei, fünf oder zehn Jahre später stets eine Aktualisierung erfolgte. Außerdem stellt sich die Frage, inwieweit bereits informierte Arbeitnehmer über die die

---

[11] Vgl. Reichel/Heger (2003), Rz 288.

vielen gravierenden Änderungen erneut unterrichtet wurden, zum Beispiel zur Rechtssicherheit der Abgabenfreiheit der Beiträge über 2008 hinaus bzw. den im Jahr 2005 neu geschaffenen Rechtsanspruch des Arbeitnehmers auf Portabilität. Ein Arbeitnehmer, der sich zum Beispiel 2003 bewusst gegen die Teilnahme entschieden hat, findet nur fünf Jahre später völlig andere Rahmenbedingungen vor.

Die Aktualisierung der gesetzlichen Rahmenbedingungen sollte als Chance für den Berater gesehen werden. Er kann dem Arbeitgeber über einen Servicevertrag seine ihm daraus entstandenen Informationspflichten abnehmen bzw. diese für ihn erfüllen.

Um eventuelle Haftungsrisiken zu beseitigen, ist es auf jeden Fall sinnvoll, das Thema offensiv anzugehen.[12] Der Arbeitgeber sollte zunächst über das Recht der Entgeltumwandlung informieren und sich dies auch für die Personalakte bestätigen lassen. Außerdem sollte er über alle Details der bAV informieren (FAQ-Liste), insbesondere über mögliche Nachteile der eingerichteten bAV.

> **Kernaussagen:**
>
> Entgeltumwandlung ist ein Bestandteil des Arbeitsvertrages (Fürsorge- und Informationspflichten des Arbeitgebers).
>
> Der Arbeitgeber sollte über das Recht auf Entgeltumwandlung informieren, auch wenn dies derzeit nicht gesetzlich begründet ist.

2.2 Gesetzliche, tarifvertragliche und betriebsverfassungsrechtliche Informationspflichten

Wie bereits erläutert, sicht das Betriebsrentengesetz nur an einer Stelle eine Informationspflicht des Arbeitgebers – nämlich in Form einer Auskunftspflicht – vor, was schnell zu der Annahme verleiten könnte, dass es in Deutschland keine weiteren Verpflichtungen zur Information und Auskunft gibt. Ein detaillierter Blick in weitere Gesetze zeigt jedoch, dass bereits heute viele solche Verpflichtungen bestehen.[13]

Das Betriebsrentengesetz wurde seit dem 01.01.2005 um einen neuen § 4a erweitert, der den bisherigen § 2 Abs. 6 BetrAVG abgelöst hat. Dadurch kann der Arbeitnehmer auch im laufenden Arbeitsverhältnis eine Auskunft über seine Versorgungsansprüche erhalten, sofern er ein berechtigtes Interesse daran hat. Dies wäre zum Beispiel dann der Fall, wenn der Mitarbeiter die Daten zur Entscheidung für eine zusätzliche Eigenvorsorge

---

[12] Vgl. Verband Druck und Medien (2003).

[13] Vgl. Doetsch (2003), S. 48.

benötigt.[14] Die Auskunft beinhaltet, in welcher Höhe aus dem Übertragungswert ein Anspruch auf Altersversorgung bestehen würde und ob eine Invaliditäts- oder Hinterbliebenenabsicherung existiert.

Selbstverständlich ist der Mitarbeiter bei seiner Einstellung über die Umsetzung des Rechtsanspruchs auf Entgeltumwandlung und über alle Modalitäten der bAV zu informieren. Hier ist dem Arbeitgeber eine Anlage zum Arbeitsvertrag anzuraten, unter Hinzufügung der Versorgungsordnung (mit schriftlicher Bestätigung der Kenntnisnahme des Arbeitnehmers).

Durch die Schuldrechtsreform ist in Verbindung mit dem Nachweis der Versorgungsbedingungen eine weitere Veränderung zu verzeichnen. Der Wortlaut des § 310 Abs. 4 BGB i. V. m. §§ 305 ff. BGB hat nach herrschender Auffassung zur Konsequenz, dass grundsätzlich auch Versorgungspläne bzw. Versorgungsbedingungen der AGB-Kontrolle unterliegen.[15]

Derzeit ist noch unklar, wie die Arbeitsgerichte künftig Arbeitsverträge und Versorgungsregelungen überprüfen werden bzw. ob es sich hier um ein „redaktionelles Versehen" des Gesetzgebers handelt. Zur Sicherheit sollte zumindest im Bereich der Entgeltumwandlung immer darauf geachtet werden, dass jene Vereinbarungen, die als überraschend gewertet werden könnten, deutlich herausgestellt werden. Ansonsten droht deren Unwirksamkeit.[16] Die Versorgung müsste ansonsten rückabgewickelt werden, wodurch dem Arbeitnehmer ein Schadensersatzanspruch gegen seinen Arbeitgeber zustehen würde. Die Nachzahlung der nicht abgeführten Sozialabgaben und Lohnsteuern müsste ebenfalls vom Arbeitgeber getragen werden.

Durch den seit dem 01.04.2002 in Kraft getretenen § 613a Abs. 5 BGB, müssen beim Betriebsübergang der Veräußerer bzw. der Erwerber die betroffenen Arbeitnehmer bereits vor dem Übergang in Textform über den Zeitpunkt des Übergangs, den Grund für den Übergang, die rechtlichen, wirtschaftlichen und sozialen Folgen des Übergangs für die Arbeitnehmer sowie die in Bezug auf die Arbeitnehmer geplanten Maßnahmen unterrichten.[17]

Bestehen tarifvertragliche oder betriebsverfassungsrechtliche Regelungen zur betrieblichen Altersversorgung, so sind diese an geeigneter Stelle im Betrieb auszulegen.

---

[14] Vgl. Lerner (2005), S. 10-15.

[15] Vgl. Jäger (2002), S. 1152.

[16] Vgl. Doetsch (2003), S. 48.

[17] Vgl. Kemper/Kister-Kölkes (2002), Rz 484; Reichel/Heger (2003), Rz 416.

> Kernaussagen:
>
> **Pflichten bei bestehenden Versorgungen:**
>
> Nachweisgesetz: Übermittlung betrieblicher Versorgungsleistungen bei Einstellung:
>
> – Info über Rechtsanspruch auf Entgeltumwandlung.
>
> – Anlage zum Arbeitsvertrag + Versorgungsordnung.
>
> AGB: „überraschende" Vereinbarungen **deutlich** herausstellen.
>
> Tarifvertragliche und betriebsverfassungsrechtliche Regelungen an geeigneter Stelle im Betrieb auslegen.

2.3   Zusätzliche Hinweis- und Aufklärungspflichten

Zunächst ist der Arbeitgeber also weder gesetzlich noch durch die Rechtsprechung verpflichtet, den Arbeitnehmer auf dem Gebiet der bAV hinzuweisen bzw. aufzuklären. Die oben genannten gesetzlichen Vorschriften beziehen sich jeweils auf bestehende Versorgungen.

Sobald der Arbeitnehmer jedoch von sich aus einen Aspekt der bAV anspricht, hängt es vom jeweiligen Einzelfall ab, ob der Arbeitgeber zu einem Hinweis oder zur Aufklärung im Rahmen seiner Fürsorgepflicht verpflichtet ist. Hier ist eine Interessensabwägung zwischen dem Informationsbedürfnis des Arbeitnehmers auf der einen Seite und den Beratungsmöglichkeiten des Arbeitgebers auf der anderen Seite vorzunehmen.[18]

Insbesondere wenn die Erhöhung der Durchdringung wünschenswert ist, sollte die Pflicht zur Kür gemacht werden und der betroffene Mitarbeiter umfassend von einem Experten beraten werden. Nur durch eine geeignete Kommunikation aller entscheidungsrelevanten Punkte kann eine Basis für einen Beitritt zum Versorgungswerk geschaffen werden.

Besondere Hinweis- und Aufklärungspflichten werden durch die Rechtsprechung vor allem in besonderen Situationen (Eintritt, Ausscheiden, vom Arbeitgeber ausgehende Initiative zur Veränderung/Aufhebung der Versorgung, etc.) bejaht. Bisher betrifft dies jedoch vorwiegend den Bereich der öffentlich-rechtlichen Zusatzversorgung.[19] Dort wird der Arbeitgeber verpflichtet, den Arbeitnehmer über bestehende Versorgungsmöglichkeiten und die Mittel zu ihrer Ausschöpfung zu informieren. Diese Ansicht wurde vor dem Hintergrund entwickelt, dass die Arbeitnehmer nicht ausreichend unterrichtet sind,

---

[18] Vgl. Doetsch (2003), S. 49-50.

[19] Vgl. Doetsch (2003), S. 50.

der Arbeitgeber aber über die notwendigen Kenntnisse verfügt.[20] Diese Meinung könnte auch auf die Entgeltumwandlung übertragen werden, da die Arbeitnehmer in der Regel ein erhebliches Informationsdefizit haben, der Arbeitgeber bzw. sein involvierter Berater aber durchaus über das notwendige Know-how verfügen. Der Arbeitgeber ist jedoch nicht verpflichtet, seine Arbeitnehmer über die Zweckmäßigkeit oder die Vorteilhaftigkeit der Entgeltumwandlung und die damit zur Verfügung stehenden Durchführungswege und Versorgungstarife zu informieren oder den Arbeitnehmer bei seiner Entscheidungsfindung zu beraten.[21]

Weitere Aufklärungs- und Informationspflichten können sich außer aus dem Gesichtspunkt der Fürsorgepflicht noch aus der betrieblichen Übung oder dem Grundsatz der Gleichbehandlung ergeben.[22]

Kernaussagen:

Hinweis- bzw. Aufklärungspflicht aus dem Aspekt der Fürsorge

Wenn ein Arbeitnehmer das Thema anspricht (Abwägung der Informationsbedürfnisse der Arbeitnehmer und der Beratungsmöglichkeit des Arbeitgebers).

Besondere Situationen wie Eintritt, Ausscheiden.

Erkennbares Informationsdefizit des Arbeitnehmers.

Pflicht zur Kür machen durch Einschalten eines Experten mit erforderlichem Know-how.

Betriebliche Übung/Gleichbehandlung.

2.4 Verpflichtung zu richtigen Auskünften

Grundsätzlich sind Auskünfte des Arbeitgebers nur Wissens- und keine Willenserklärungen. Mit ihnen sollen bestehende Unklarheiten beim Arbeitnehmer beseitigt werden.[23] Wenn der Arbeitgeber jedoch aufgefordert oder unaufgefordert Auskünfte zur betrieblichen Altersversorgung bzw. Entgeltumwandlung erteilt, müssen diese stets richtig sein. Falsche Angaben verpflichten den Arbeitgeber nach der ständigen Rechtsprechung des Bundesarbeitsgerichts zum Schadensersatz.[24] Darunter fallen auch scheinbar vollständige

---

[20] Vgl. Doetsch (2003), S. 50.

[21] Vgl. Doetsch (2003), S. 50.

[22] Vgl. Doetsch (2003), S. 50.

[23] Vgl. Doetsch (2003), S. 50.

[24] Vgl. Ohne Autor: Schadensersatz wegen fehlerhafter Auskünfte. DB 4 (2002). S. 227; BAG-Urteil vom 21.11.2000 –3 AZR 13/00.

oder in sonstiger Weise irreführende Auskünfte.[25] Dies trifft insbesondere kleine Mittelständler, da es dort keine Experten für die bAV gibt. Deshalb sollte der Arbeitgeber grundsätzlich auf jegliche Auskünfte verzichten und einen Maklervertrag mit einem qualifizierten Berater schließen.

Legt der Arbeitgeber zum Beispiel die Entgeltumwandlung dem Arbeitnehmer nahe oder weist ihn auf deren Vorteile hin, muss er auch etwaige Nachteile (zum Beispiel fehlende Vererbbarkeit, Einschränkung der Verfügungsmöglichkeiten) erwähnen. Dies wird in der Praxis häufig versäumt.[26]

2.5   Erweiterung der Hinweis-, Informations- und Beratungspflichten nach der Reform des VVG

Durch das neue VVG wurde dem Arbeitgeber als Versicherungsnehmer beim Abschluss von Direktversicherungen sowie bei großen Pensionskassen gegenüber dem Versicherer ein Beratungsanspruch eingeräumt (§ 6 VVG n. F.). Danach sind die Wünsche und Bedürfnisse zu erfragen und die Beratung ist darauf abzustellen. Eine Dokumentation des Beratungsgesprächs ist ebenfalls vorgesehen, es besteht allerdings eine Verzichtsmöglichkeit.

Auch im weiteren Verlauf ist ein Beratungsanspruch bei besonderen Umständen, die Anlass zu einer Vertragsänderung bzw. einem Neuabschluss geben können, gegeben.

Der Versicherungsnehmer ist umfassend vor Vertragsabschluss zu informieren. Insbesondere über die Aufteilung der Prämie in Risiko-, Kosten- und Sparanteil, die Verteilung der Abschlusskosten in Euro sowie die Art der Überschussermittlung. Außerdem besteht die Pflicht, ein Produktinformationsblatt zur Verfügung zu stellen, dessen Aufbau im Einzelnen vorgegeben ist. Zudem müssen in diesem die Vorgaben für Modellrechnungen enthalten sein.

Nach wie vor ist der Arbeitgeber im Regelfall nicht zur Beratung des Arbeitnehmers verpflichtet, auch nicht bei Versicherungsabschluss im Zusammenhang mit einer reinen Entgeltumwandlung. Der Arbeitgeber ist allerdings dazu verpflichtet, die ihm vom Versicherer erteilten Informationen an den Arbeitnehmer weiterzuleiten und ihm ein Produktinformationsblatt zur Verfügung zu stellen.[27]

Sofern der Versicherer mit Zustimmung des Arbeitgebers direkt mit dem Arbeitnehmer in Kontakt tritt, so sind die oben genannten Pflichten direkt gegenüber dem Arbeitnehmer zu erfüllen.

---

[25] Vgl. BAG, Urteil vom 9.7.1991, 3 AZR 354/90.

[26] Vgl. Doetsch (2003), S. 50.

[27] Vgl. Reinecke (2009).

Kernaussagen:

Reform des VVG

Beratungsanspruch des Arbeitgebers als Versicherungsnehmer bei Abschluss von Direktversicherung/Pensionskasse.

Dokumentation des Beratungsgesprächs.

Aushändigung eines Produktinformationsblattes.

Vorgehen für Modellrechnungen.

Keine Beratungspflicht des Arbeitgebers gegenüber dem Arbeitnehmer, allerdings Weiterleiten der Informationen und des Produktinformationsblattes.

2.6   Information zu wichtigen Vertragsfragen

Es ist davon auszugehen und sehr empfehlenswert, dass der mittelständische Unternehmer seine Belegschaft über die Vorteile und Notwendigkeit einer betrieblichen Zusatzversorgung informiert. Wie bereits ausgeführt, wird er dazu einen Berater mit der notwendigen Expertise einschalten und einen entsprechenden Maklervertrag schließen. Unerlässlich sind dabei die Information und Dokumentation im Hinblick auf wichtige Vertragsfragen:

- steuer- und sozialversicherungsrechtliche Behandlung der Beiträge
- nachgelagerte Versteuerung der Leistungen
- Sozialversicherungspflicht der Leistungen
- auszuwählende Leistungen
- vorzeitiges Ausscheiden aus dem Unternehmen
- Insolvenz des Unternehmens
- Regelung für den Fall der Arbeitslosigkeit
- Teilzillmerung der Abschlusskosten
- „Verfallsrisiko" in der bAV
- Folgen von Elternzeit, Wehrdienst/Zivildienst
- frühester Rentenbezug
- Folgen der Entgeltumwandlung auf GKV-Pflicht
- Folgen der Entgeltumwandlung auf Ansprüche aus der gesetzlichen Renten-, Kranken- und Arbeitslosenversicherung

2.7 Besondere Aufzeichnungs- und Mitteilungspflichten des Arbeitgebers

In § 5 Lohnsteuerdurchführungsverordnung (LStDV) sind die Mitteilungs- und Aufzeichnungspflichten des Arbeitgebers im Zusammenhang mit der lohnsteuerlichen Behandlung der Beiträge zur betrieblichen Altersvorsorge zusammengefasst.

Bei allen versicherungsförmigen Durchführungswegen muss der Arbeitgeber jährlich die Art der Versteuerung der gezahlten Beiträge an den Versorgungsträger bzw. den Versicherer melden. Kommt der Arbeitgeber dieser Pflicht nicht nach, so ist gesetzlich vorgeschrieben, dass der Versorgungsträger/Versicherer in jedem Fall die volle Steuerpflicht der späteren Leistung unterstellen muss. Im Umkehrschluss bedeutet dies, dass die Förderung nach § 3 Nr. 63 EStG immer Vorrang hat, eine Versteuerung nach § 40b EStG muss nachgewiesen werden.

Der Gesetzgeber hat jedoch eine Ausnahmeregelung geschaffen, die dem Arbeitgeber die Meldepflicht erleichtert. Die Mitteilung kann ausnahmsweise dann unterbleiben, wenn der Versorgungsträger/Versicherer die Versteuerung der für den einzelnen Arbeitnehmer im Kalenderjahr geleisteten Beiträge bereits kennt oder aus den bei ihm vorhandenen Daten feststellen kann und dies dem Arbeitgeber mitgeteilt hat.

Wichtig ist, eine entsprechende Bestätigung des Versorgungsträgers/Versicherers in den Unterlagen aufzubewahren, da diese als Nachweis ausreicht.

2.8 Fazit

Die Fülle der Auskünfte und Informationen kann der Arbeitgeber nur selten geben. „Arbeitgeber, die womöglich bis heute – also acht Jahre nach Einführung des Anspruches auf Entgeltumwandlung – kein Vorsorgesystem für ihre Arbeitnehmer vorhalten, haben damit wohl ihre Pflichten aus dem BetrAVG und ihre arbeitsrechtliche Fürsorgepflicht verletzt; sie müssen damit rechnen, dass Arbeitnehmer sie wegen des daraus resultierenden Vorsorgeverlustes auf Schadensersatz in Anspruch nehmen." (Professor Dr. Hans-Peter Schwintowski). Für Arbeitgeber, die bis dato keine Vorsorgelösung für ihre Mitarbeiter bereithalten, ist dies eine brisante Situation. Hier ist ein konsequentes und schnelles Handeln angebracht.

Die Arbeitgeber und Versorgungsträger haben bei einem aufmerksamen Umgang mit den Neuregelungen nichts zu befürchten.

Die Beratung zur Entgeltumwandlung ist zur Erhöhung der Durchdringung Grundvoraussetzung. Es sollte hierbei unbedingt auf eine umfassende Dokumentation von Information und Aufklärung geachtet werden. Welcher Arbeitnehmer erinnert sich nach 30 Jahren noch an die nachgelagerte Versteuerung, die SV-Pflicht, die eingeschränkte Vererbbarkeit oder die Kürzung des Krankentagegeldes?

Es ist zu erwarten, dass die umfangreichen Neuregelungen des VVG zu formalisierten Abschlussprozessen führen.

3 Zusageformen in der betrieblichen Altersversorgung

Bei den Zusageformen unterscheidet man zwischen leistungsorientierten und beitragsorientierten Systemen.[28]

3.1 Leistungszusagen

Bei der reinen Leistungszusage wird die Leistung unabhängig vom erforderlichen Finanzierungsaufwand für die einzelnen Versorgungsfälle konkret benannt. Dies kann in Form eines festen Betrages oder zum Beispiel eines bestimmten Prozentsatzes des letzten Gehaltes erfolgen.[29] Da die reine Leistungszusage unter dem Aspekt der Wertgleichheit bei der Entgeltumwandlung nicht gebräuchlich ist,[30] wird nicht näher darauf eingegangen.

3.2 Beitragszusage

Die betriebliche Altersversorgung entwickelte sich im Laufe der Zeit immer mehr von einer Zusatzbelohnung für erbrachte Betriebstreue zu einem Bestandteil des Entgeltes. Die Zusagen des Arbeitgebers orientierten sich immer weniger an konkreten Leistungen als an dem zu erbringendem Aufwand.[31]

---

[28] Vgl. Reichel/Heger (2003), Rz 203.

[29] Vgl. Buttler (2002), Rz 04.

[30] Vgl. Schack/Tacke/Tau (2002), S. 67 unten.

[31] Vgl. Buttler (2002), Rz 4.

Beitragszusagen liegen dann vor, wenn der Arbeitgeber sich dazu verpflichtet, einen bestimmten Beitrag an einen externen Träger zu erbringen.[32] In der reinen Form gibt es sie jedoch in Deutschland nicht.[33]

Beitragsorientierte Leistungszusage (BoLz)

Erst mit der Novellierung des Betriebsrentengesetzes zum 01.01.2001 wurden im BetrAVG eigene Vorschriften für die beitragsorientierte Leistungszusage verankert, wodurch eine Differenzierung zur Leistungszusage immer mehr an Bedeutung gewinnt. Sie richtet sich letztlich danach, ob eine Orientierung am Beitrag dokumentiert wurde oder nicht.[34]

Bei dieser Zusageform werden die vom Arbeitgeber zu entrichtenden Beiträge und die daraus resultierenden Leistungen verbunden. Der Arbeitgeber verpflichtet sich zunächst, für die Versorgung des Arbeitnehmers einen bestimmten Beitrag zur Verfügung zu stellen. Bei der Versorgung über einen externen Versorgungsträger wird dieser Beitrag dann nach den Rechnungsgrundlagen des jeweiligen Trägers in eine Leistung umgerechnet.[35]

Beitragszusage mit Mindestleistung (BzMl)

Für die externen Versorgungsträger (Pensionskassen, Pensionsfonds, Direktversicherung) wurde zum 01.01.2002 die Beitragszusage mit Mindestleistung als weitere Zusageform in das Betriebsrentengesetz aufgenommen.[36]

Nach § 1 Abs. 2 Nr. 2 BetrAVG liegt eine betriebliche Alterversorgung auch vor, „wenn der Arbeitgeber sich verpflichtet, Beiträge zur Finanzierung von Leistungen der betrieblichen Altersversorgung an einen Pensionsfonds, eine Pensionskasse oder eine Direktversicherung zu zahlen und für Leistungen zur Altersversorgung das planmäßig zuzurechnende Versorgungskapital auf der Grundlage der gezahlten Beiträge (Beiträge und die daraus erzielten Erträge), mindestens die Summe der zugesagten Beiträge, soweit sie nicht rechnungsmäßig für einen biometrischen Risikoausgleich verbraucht wurden, hierfür zur Verfügung zu stellen (Beitragszusage mit Mindestleistung)."[37]

---

[32] Vgl. Reichel/Heger (2003), Rz 219.

[33] Vgl. Reichel/Heger (2003), Rz 220.

[34] Vgl. Buttler (2002), Rz 05.

[35] Vgl. Reichel/Heger (2003), Rz 221.

[36] Vgl. Langohr-Plato (2003), Rz 206.

[37] Zitiert nach § 1 Abs.2 Nr. 2 BetrAVG.

Diese Form der Zusage ermöglicht es dem Arbeitgeber, seine Haftung auf die Gewährung der gezahlten Beiträge zu beschränken.[38] Der Arbeitgeber übernimmt hier letztendlich eine „Null-Zins-Garantie" für den von ihm gezahlten Versorgungsbeitrag.[39]

3.3 Konsequenzen bei vorzeitigem Ausscheiden

Soweit es sich um unverfallbare Anwartschaften handelt, sind Teilleistungen dieser aufrechtzuerhalten. Grundsätzlich gilt das Quotierungsprinzip, bei welchem dem Arbeitnehmer gemäß dem ratierlichen Verfahren ein zeitanteiliger Anspruch zu gewähren ist.[40] Bei der Direktversicherung und der Pensionskasse gibt es jedoch eine Ausnahme vom Quotierungsprinzip, sofern keine Beitragszusage mit Mindestleistung erteilt wurde.[41]

Sofern die sozialen Auflagen gemäß § 2 Abs. 2 und 3 BetrAVG erfüllt sind, kann bei Direktversicherungen und Pensionskassen das versicherungsvertragliche Verfahren angewandt werden.

Bei der Beitragszusage mit Mindestleistung findet das versicherungsvertragliche Verfahren keine Anwendung, da der Arbeitgeber zum Rentenbeginn mindestens die eingezahlten Beiträge bereitstellen muss, unabhängig davon, ob der Rückdeckungsversicherer diese Leistung erbringt.

3.4 Aktuelle Diskussion

Derzeit werden die beiden Zusagearten in der Expertenwelt sehr kontrovers diskutiert. Vielfach wurde die BoLz den konventionellen und die BzMl den fondsgebundenen Tarifen zugeordnet. Auch sei bei einer beitragsorientierten Leistungszusage das vom Arbeitgeber (im Rahmen der Subsidiärhaftung) zu tragende Kapitalanlagerisiko generell höher als bei einer BzMl.[42]

Während bei der BoLz die Anwendbarkeit des versicherungsvertraglichen Verfahrens sehr positiv ist, kann bei der BzMl die Anpassungsprüfung nach § 16 BetrAVG im Rentenalter unterbleiben. Dadurch kann im Angebot grundsätzlich eine teildynamische Rente vereinbart werden, so dass die Gesamtrente mit Überschüssen deutlich über den sonst üblichen dynamischen Renten liegt. Es bleibt an dieser Stelle abzuwarten, wie die Recht-

---

[38] Vgl. Langohr-Plato (2007), Rz 207.

[39] Vgl. Gohdes/Haferstock/Schmidt (2001), S. 1561.

[40] Vgl. Kemper/Kister-Kölkes (2002), Rz 166.

[41] Vgl. Kemper/Kister-Kölkes (2002), Rz 180.

[42] Vgl. Langohr-Plato/Teslau (2006), S. 508.

sprechung später Zusagen bewertet, bei denen der Arbeitnehmer womöglich jahrzehnte-lang keine Anpassung der laufenden Rente erhält. Eine entsprechende Information und Dokumentation ist dringlich zu empfehlen.

Im Ergebnis ergibt sich rein ökonomisch kaum ein Unterschied. Die möglichen Risiken sind überschaubar und auch gut kalkulierbar.

4   Auswahl des Versicherungsunternehmens

Hier steht die Frage im Vordergrund, ob sich für die Arbeitnehmer Ersatzansprüche aus einer mangelhaften Auswahl eines externen Versorgungsträgers durch den Arbeitgeber herleiten lassen.[43]

Soweit dem Arbeitgeber die Auswahl des Durchführungsweges bzw. des Versorgungs-trägers obliegt,[44] ist eine Inhaltskontrolle durch die Arbeitsgerichte gegeben. Der Arbeit-nehmer ist gegebenenfalls vor einem Missbrauch der Gestaltungsmacht des Arbeitgebers zu schützen.

Die Auswahl des Versicherers ist eine Ermessensentscheidung des Arbeitgebers, welche jedoch auch die Interessen des Arbeitnehmers berücksichtigen muss.

Der Arbeitnehmer kann - sofern der Arbeitgeber keine besonderen Zusicherungen abgibt - generell nicht die absolut beste Versorgungslösung erwarten. Er wird vielmehr nur eine Lösung „mittlerer Art und Güte" erwarten können. Zumindest bei kleinen und mittleren Unternehmen wird der Arbeitnehmer nicht erwarten können, dass der Arbeitgeber den ganzen Anbietermarkt durchforstet, alle verfügbaren Ratings bzw. Tests zu Rate zieht oder die Auswahl über eine Ausschreibung bzw. mithilfe von Beratern vornimmt.[45]

Das Interesse des Arbeitgebers an einer Minimierung des Verwaltungsaufwands und Informationsaufwands durch die Zusammenarbeit mit einem Service-Versicherer ist anzuerkennen.[46] Inakzeptabel wäre es jedoch zum Beispiel, wenn der Arbeitgeber einen ungünstigen, unrabattierten Versorgungstarif auswählt, damit er selbst vom Vermittler an der Provision beteiligt wird.[47]

---

[43] Vgl. Doetsch (2003), S. 52-53.

[44] Vgl. Langohr-Plato (2003), Rz 232.

[45] Vgl. Doetsch (2003), S. 52-53.

[46] Vgl. Doetsch (2003), S. 52-53.

[47] Vgl. Doetsch (2003), S. 52-53.

Das Einschalten eines Versicherungsmaklers ist empfehlenswert. Dieser sollte damit beauftragt werden, einen Versicherer auszuwählen, der die beiderseitigen Interessen wahrt. Alternativ kann die Anbieterauswahl bei der Beratung durch einen Makler auch offen gelassen werden. Eine Einschränkung der Anbieter auf zwei bis drei Anbieter ist allerdings sehr empfehlenswert, da sich der Mitarbeiter so besser entscheiden kann.

Kernaussagen:

Der Arbeitgeber kann Durchführungsweg und Versorgungsträger/Versicherer bestimmen (Schutz vor Missbrauch besteht jedoch zum Beispiel, wenn Arbeitgeber einen ungünstigen, unrabattierten Tarif wählt, um selbst an Provision beteiligt zu werden).

Wenige Anbieter können eine Lösung zur besseren Entscheidungsfindung der Belegschaft sein.

5 Übertragung einer Anwartschaft auf betriebliche Altersversorgung

Die Mitnahmemöglichkeit von erworbenen betrieblichen Versorgungsanwartschaften bei einem Arbeitsplatzwechsel (Portabilität) ist durch das Alterseinkünftegesetz 2005 deutlich verbessert worden.

Für Zusagen seit dem 01.01.2005 wurde dem Arbeitnehmer ein einklagbarer Anspruch auf Übertragung einer Versorgungsanwartschaft eingeräumt. Begleitend dazu wurde das Übertragungsabkommen für Direktversicherungen und Pensionskassen geschlossen. Dadurch wird eine kostenneutrale Übertragung des Deckungskapitals auf den Versorgungsträger des neuen Arbeitgebers ermöglicht.

Eine freiwillige Übernahme einer bestehenden Versorgung durch den neuen Arbeitgeber ist ebenfalls möglich und in vielen Fällen auch zu empfehlen. Dabei wird keine Neuzusage erteilt, sondern die Altzusage des bisherigen Arbeitgebers schuldbefreiend übernommen. Des Weiteren ist auch eine einvernehmliche Übertragung denkbar, die aber eher eine untergeordnete Rolle spielt.

In vielen Fällen ist eine Übertragung mit Nachteilen für den Versorgungsberechtigten verbunden, allerdings hat der neue Arbeitgeber keine gesetzliche Verpflichtung zur Übernahme, daher sollte eine bestehende Versorgung eventuell bei den Verhandlungen im Vorfeld erwähnt werden.

■ Direktversicherung nach § 40b EStG (bei Übertragung Neuzusage mit Förderung nach § 3 Nr. 63 EStG).

■ Vertrag mit sehr hohem Garantiezins, zum Beispiel vier Prozent (bei Übertragung Neuzusage, mit neuer Rechnungslegung).

■ Vertrag mit Berufsunfähigkeitsrente (neuer Arbeitgeber hat nur Tarif mit reiner Altersrente und Arbeitnehmer kann keinen privaten Vertrag wegen Gesundheitsverhältnisse abschließen).

■ Tarif war gezillmert, bei neuem Arbeitgeber ist Tarif ungezillmert (doppelte Kostenbelastung).

Abbildung 5.1 Übertragung von Durchführungswegen bei der Entgeltumwandlung

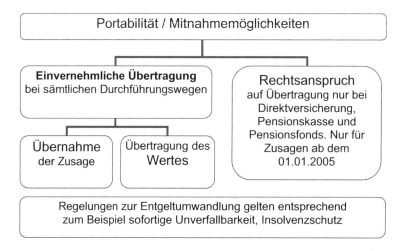

Kernaussagen:

Seit 2005 hat der Arbeitnehmer einen einklagbaren Anspruch auf Übertragung.

Eine freiwillige Übernahme mit Versicherungsnehmerwechsel ist ebenfalls möglich (zum Beispiel zum Erhalt der 40b-Förderung).

6 Anpassungsprüfungspflicht von laufenden Leistungen

Keine andere Regelung im Betriebsrentengesetz hat den Arbeitgebern entsprechend unkalkulierbare, zusätzliche finanzielle Belastungen auferlegt und zugleich für enorme Rechtsunsicherheit gesorgt. Vielfach wurde verkannt, dass sich aus § 16 BetrAVG keine unmittelbare Verpflichtung zur Anpassung ergibt, sondern dass der Arbeitgeber zunächst nur zur Prüfung einer eventuellen Anpassung gehalten wird. Der Gesetzgeber hat keine konkreten Prüfungskriterien aufgestellt, wodurch die Rechtsprechung mehrfach gezwungen war, sich eingehend mit der Auslegung und der inhaltlichen Konkretisierung zu befassen.

Bei den Durchführungswegen der Direktversicherung und Pensionskasse kann das Risiko ausgeschlossen bzw. minimiert werden.

Nach § 16 Abs. 3 Nr. 2 BetrAVG (Escape-Klausel Nr. 2[48]) kann sich der Arbeitgeber bei der Versorgung über eine Pensionskasse oder einer Rentendirektversicherung von der Anpassungsprüfung befreien. Voraussetzungen dafür sind, dass ab Rentenbeginn sämtliche auf den Rentenbestand entfallenden Überschussanteile zur Erhöhung der laufenden Leistungen verwendet werden und zur Berechnung der garantierten Leistung der festgesetzte Höchstzinssatz zur Berechnung der Deckungsrückstellung nicht überschritten wird.[49]

Außerdem entfällt die Pflicht zur Anpassungsprüfung bei der Verwendung eines Tarifs mit einer garantierten Rentensteigerung von einem Prozent p. a. oder der Zusage einer Beitragszusage mit Mindestleistung.

> **Kernaussagen:**
>
> **Entfall der Anpassungsprüfungspflicht bei Direktversicherung/Pensionskasse**
>
> Alle Überschüsse werden ab Rentenbeginn zur Erhöhung der laufenden Leistungen und Einhaltung des Höchstzinssatzes zur Berechnung der garantierten Leistungen verwendet.
>
> Erteilung einer Beitragszusage mit Mindestleistung.
>
> Tarif mit garantierter Rentensteigerung von einem Prozent.

---

[48] Vgl. Kemper/Kister-Kölkes (2002), Rz 268.

[49] Vgl. § 16 Abs. 3 Nr. 2 BetrAVG.

7   Beachtung von Tarifverträgen

Einen sehr wichtigen Aspekt stellt die Beachtung von Tarifverträgen im Bereich der bAV dar. Arbeitsentgelte und sonstige Arbeitsbedingungen, die durch Tarifvertrag geregelt sind oder üblicherweise geregelt werden, können nicht Gegenstand einer Betriebsvereinbarung sein.[50] Daraus kann man ableiten, dass der Tarifvertrag als höherrangiges Recht absoluten Vorrang vor einer Betriebsvereinbarung hat. Er gilt zwingend und unmittelbar, also selbst dann, wenn eine bestehende Betriebsvereinbarung für den Arbeitnehmer günstiger wäre.[51]

Nach § 4 Abs. 3 TVG darf nur vom Tarifvertrag abgewichen werden, wenn dies vom Tarifvertrag gestattet ist oder dem Arbeitnehmer dadurch ein Vorteil entsteht (Günstigkeitsprinzip). Es ist umstritten, ob eine Entgeltumwandlung für den Arbeitnehmer günstiger ist als der sich aus dem Tarifvertrag ergebende Entgeltanspruch. Die Befürworter argumentieren, dass bereits das Wahlrecht zwischen Entgeltumwandlung und Entgeltanspruch günstiger sei. Das BAG hat diese Auffassung jedoch noch nicht überprüft.[52]

Da das Günstigkeitsprinzip bei der Umwandlungsvereinbarung nicht durch entsprechende Urteile festgestellt wurde, sollte der Arbeitgeber den tariflichen Vorgaben Folge leisten.

7.1   Tarifgebundene Parteien

„Tarifgebunden sind die Mitglieder der Tarifvertragsparteien und der Arbeitgeber, der selbst Partei des Tarifvertrages ist."[53] Tarifgebundene Arbeitnehmer können gemäß § 17 Abs. 5 BetrAVG eine Entgeltumwandlung nur vornehmen, sofern dies tariflich durch eine Öffnungsklausel vorgesehen oder zugelassen ist. Bezieht der Mitarbeiter zusätzlich übertarifliche Entgeltbestandteile, kann er dafür jederzeit sein Recht auf Entgeltumwandlung durchsetzen.[54] Ein bestehender Tarifvertrag kann verschiedene Vorgaben machen, die eingehalten werden müssen. So können zum Beispiel die Höhe des Anspruchs, der Durchführungsweg oder die umwandelbaren Gehaltsbestandteile vorgegeben werden.[55]

---

[50] Vgl. Welscher (2004), Folie 13.

[51] Vgl. Höfer (2004), Rz 264. Es können allerdings einzelvertraglich Besserstellungen vereinbart werden.

[52] Vgl. Reichel/Heger (2003), Rz 294.

[53] Zitiert nach § 3 Abs. 1 TVG

[54] Vgl. Ahrend/Förster/Rühmann (2003), § 1 a, Rz 6.

[55] Vgl. Schack/Tacke/Tau (2002), S. 28 oben.

Für viele Bereiche gibt es mittlerweile die sogenannte Öffnungsklausel. Der Tarifvertrag kann ausdrücklich regeln, dass bestimmte Einzelfragen durch Betriebsvereinbarungen geregelt werden können.

7.2   Allgemeinverbindliche Tarifverträge

Durch eine Allgemeinverbindlichkeitserklärung werden auch bisher tarifungebundene Arbeitgeber und Arbeitnehmer von den getroffenen Vereinbarungen erfasst.[56]

Von der BDA wird die Allgemeinverbindlichkeit von Tarifverträgen, welche die Wahlfreiheit der Arbeitgeber bei der Ausgestaltung der bAV einschränken, grundsätzlich abgelehnt. Laut einem GDV-Rundschreiben vom 21.07.2003 war zum damaligen Zeitpunkt davon auszugehen, dass keine allgemeinverbindlichen Vereinbarungen im Bereich der Entgeltumwandlung getroffen werden.[57]

Nun zeigen jedoch Beispiele aus der Praxis[58], dass bereits allgemeinverbindliche Vereinbarungen getroffen wurden, welche auch von tarifungebundenen Parteien zu berücksichtigen sind.

7.3   Bezugnahme auf Tarifverträge im Arbeitsvertrag

Wird im Arbeitsvertrag nur auf bestimmte tarifliche Bestimmungen Bezug genommen, liegt eine individualrechtliche Vereinbarung vor. Die Arbeitnehmer sind dadurch nicht tarifgebunden und können alle Lohnbestandteile umwandeln.[59]

Eine umfassende Bezugnahme auf einen Tarifvertrag kann sich jedoch auch aus einer ausdrücklichen oder konkludenten Verweisung ergeben oder das Resultat einer betrieblichen Übung sein. Außerdem kann durch eine arbeitgeberseitige Gesamtzusage der Bezug hergestellt werden.[60]

---

[56] Vgl. § 5 Abs. 4 TVG.

[57] Vgl. GDV (Hrsg.): Wahlfreiheit in der betrieblichen Altersversorgung.

[58] Vgl. Tarifvertrag über eine tarifliche Altersvorsorge für das bayerische Bäckerhandwerk vom 27.02.2003. Tarifvertrag über eine tarifliche Altersvorsorge für das Hotel- und Gaststättengewerbe in Deutschland vom 05.02.2002. Lt. telefonischer Auskunft des GDV vom 02.07.2004 sind diese allgemeinverbindlich erklärt.

[59] Vgl. Reichel/Heger (2003), Rz 291.

[60] Vgl. Ebeling (2003), S. 12-28.

Bei der konkludenten Verweisung und der betrieblichen Übung ist der Arbeitgeber unwissentlich an höheres Recht gebunden. Beachtet er jedoch die sich daraus ergebenden Vorschriften des Tarifvertrages nicht, hat dies Rechtsfolgen. Bei der konkludenten Verweisung kann die Bezugnahme im Einzelfall sogar stillschweigend zustande kommen, während der Arbeitgeber bei der betrieblichen Übung durch eine wiederholte Handlung einen Vertrauenstatbestand schafft, der ihn an den Tarifvertrag bindet.

7.4 Rechtsfolgen für das Unternehmen bei Missachtung tarifvertraglicher Vorschriften

Rechtsfolge ist, dass die bestehende Versorgung unwirksam ist. Daraus ergibt sich die Rückabwicklung des Vertrages, wodurch der Arbeitnehmer einen Schadensersatzanspruch herleiten kann.

Außerdem ist dem Arbeitnehmer durch die Unwirksamkeit des Vertrages auch Lohn zugeflossen, sodass dafür Lohnsteuern und Sozialabgaben zu entrichten sind. Der bestehende Entgeltanspruch müsste dann um die sozialversicherungsrechtlichen Abgabeleistungen für die Vergangenheit korrigiert werden. Der Beitragsrückstand müsste in vollem Umfang vom Arbeitgeber getragen werden und dieser könnte den Arbeitnehmeranteil nur noch sehr beschränkt nach § 28g SGB IV bei diesem geltend machen.[61]

Bisher sind in diesem Bereich noch keine Urteile bekannt. Es gibt auch keine Tarifverträge oder Passagen im Tarifvertragsgesetz, an denen mögliche Sanktionen bei Nichtbeachtung der Vorschriften aufgeführt werden. Da die Träger der Sozialversicherung die

Geschädigten sind, ist davon auszugehen, dass diese eine Nacherstattung der nicht entrichteten Beiträge verlangen werden.

> **Kernaussagen:**
>
> **Tarifgebundene Arbeitgeber müssen entsprechende Vorschriften zwingend beachten.**
>
> Tarifbindung ergibt sich durch folgende Punkte:
>
> – Arbeitgeber ist im Verband / Arbeitnehmer in Gewerkschaft.
>
> – Allgemeinverbindlicher Tarifvertrag.
>
> – Bezugnahme auf Tarifverträge im Arbeitsvertrag
>   (aktuelles Beispiel sind Arztpraxen!).

---

[61] Vgl. Reichel/Heger (2003), Rz 294.

8   Zuschüsse in Abhängigkeit einer Entgeltumwandlung – „Wenn-dann-Zuschüsse"

Der Arbeitgeber gewährt jedem Mitarbeiter, der sich für eine Entgeltumwandlung entscheidet, einen Zuschuss zur Finanzierung der bAV. Dieser kann als Festbetrag oder als fester Prozentsatz des umgewandelten Betrages erfolgen.

In diesem Zusammenhang wird oft die Frage gestellt, ob eine derartige Gewährung von Zuschüssen arbeitsrechtlich wirksam ist oder ob eine Ungleichbehandlung vorliegt. Soweit der Arbeitgeber nicht willkürlich, das heißt ohne sachlichen Grund Mitarbeiter von den Zuschüssen ausschließt, liegt keine Ungleichbehandlung vor. Der Arbeitgeber gibt vielmehr einen Sachverhalt klar vor, nach dem jeder Mitarbeiter der die Voraussetzung (Gehaltsumwandlung in bAV) erfüllt, einen entsprechenden Zuschuss erhält.[62] Ein vergleichbarer Tatbestand liegt bei den üblichen VL-Zuschüssen des Arbeitgebers vor.

Weiter stellt sich die Frage, inwieweit der Zuschuss als echt arbeitgeberfinanzierte bAV anzusehen ist. So sieht zum Beispiel der Tarifvertrag der Chemiebranche vor, dass der Arbeitgeberzuschuss (Chemie-Tarifförderung) ein Bestandteil der Entgeltumwandlung ist.[63] Generell ist der Zuschuss jedoch als arbeitgeberfinanzierter Bestandteil der bAV anzusehen, sofern sich nicht aus einem Tarifvertrag oder anderweitiger Vereinbarungen etwas anderes ergibt. Unter den Voraussetzungen des vorherigen Gliederungspunktes ist eine versicherungstechnische Umsetzung in einem Vertrag möglich. Entscheidend ist auch hier eine saubere Dokumentation für die Betriebsprüfer.

> Kernaussage:
>
> Arbeitgeberzuschüsse (fix oder prozentual) sind arbeitsrechtlich unproblematisch, sofern niemand willkürlich ausgeschlossen wird.

---

[62] Mündliche Auskunft der DBV-Winterthur vom 16.07.2004.

[63] Vgl. Schack/Tacke/Tau (2002), S. 254.

9   Outsourcing der Beratung an einen Finanzberater

9.1   Sachlage: Rechtsstellung des Beraters – Verhältnis zum Arbeitgeber

Grundsätzlich muss der Arbeitgeber immer nur für eigene Pflichtverletzungen einstehen, nicht für die von Dritten. Dies ändert sich nur, wenn der Dritte als „Erfüllungsgehilfe" des Arbeitgebers tätig wird.[64]

Entscheidend ist, ob der Vertreter im Auftrag des Arbeitgebers nach dessen Vorgaben berät. Dann ist er im Pflichtenkreis des Arbeitgebers tätig, sodass dieser für die Beratungsleistungen in vollem Umfang haften würde.[65] Das Problem liegt darin, dass der Arbeitgeber bereits nach dem BetrAVG weit reichend gegenüber seinen Mitarbeitern haftet. Diese kann je nach Art und Inhalt der Versorgungszusage stark variieren. Hier ist es von Bedeutung, ob der Vermittler die vom Arbeitgeber beabsichtigten Zusagen macht oder die Haftung durch seine Äußerungen zusätzlich erhöht.[66]

Um sich vor zusätzlichen Haftungsrisiken zu schützen, sollte der Arbeitgeber einen Maklervertrag mit dem externen Berater abschließen. Dieser sollte den Umfang der Beratung dokumentieren, sodass der Arbeitgeber keine unerwünschten Nebenrisiken tragen muss.

9.2   Dokumentation der externen Beratungsleistungen

Um zusätzlichen Haftungsrisiken zu vermeiden, sollte das Gespräch zwischen Vermittler und Arbeitnehmer immer anhand eines Beratungsprotokolls dokumentiert werden. Dieses sollte die Absprachen und Auflagen des Arbeitgebers enthalten und als Nachweis dienen, dass diese eingehalten wurden.[67]

---

[64] Vgl. Doetsch (2003), S. 51.

[65] Vgl. Brock (2003), S. 12.

[66] Vgl. Brock (2003), S. 12.

[67] Vgl. Brock (2003), S. 15.

9.3 Exkurs: Anwendbarkeit des Haustürwiderrufsrechts

„Viele bAV-Policen unter Widerrufsrisiko", so lautete ein Artikel des Versicherungsjournals vom 07.01.2004. Darin wird darauf hingewiesen, dass auch im Bereich der Entgeltumwandlung das Haustürwiderrufsgesetz Anwendung finden würde. Da die meisten Versicherer jedoch die Verbraucher (hier die Arbeitnehmer) nicht auf ihr Recht hingewiesen hätten, ständen danach unzählige Verträge unter dem Risiko der Rückabwicklung.[68]

Diese Rechtsauffassung widerspricht der ober- und höchstrichterlichen Rechtsprechung. Das BAG hat dahingehend entschieden, dass am Arbeitsplatz abgeschlossene Vereinbarungen über die Aufhebung des Arbeitsvertrages nicht unter die Regelungen des Haustürwiderrufgesetzes fallen. Es fallen immer nur die Rechtsgeschäfte darunter, für welche die Anbahnung in einer für das Rechtsgeschäft ungewöhnlichen Umgebung stattfindet. Deshalb ist die Änderung des Arbeitsvertrages, was die Entgeltumwandlung i.c. bedeutet, typischerweise am Arbeitsplatz abzuschließen.[69]

Kernaussagen:

Beratungsvertrag über Umfang der Beratung schließen.

Dokumentation der Mitarbeiterberatungen.

Haustürwiderrufsgesetz bei bAV-Beratung am Arbeitsplatz <u>nicht</u> anwendbar.

10 Beratungsdokumentation

Zunächst ist im Bereich der kleinen mittelständischen Unternehmen davon auszugehen, dass die Beratung auf einen spezialisierten Berater übertragen wird. Im Hinblick der Steigerung der betriebsinternen Durchdringungsquote ist dieses Ziel nur durch ein entsprechendes Beratungs-Know-how zu erreichen. Die genauen Eckdaten der Beratung sollten über einen Beratungsvertrag zwischen Unternehmen und Berater genau abgestimmt werden.

Im ersten Schritt muss eine Aufklärung der Geschäftsleitung/Personalverantwortliche über das Thema der betrieblichen Altersversorgung stattfinden. Zudem müssen die unternehmensspezifischen Daten sowie deren Wünsche, Ziele und Bedürfnisse aufgenommen werden.

---

[68] Vgl. Pohl (2004).

[69] Vgl. Neumann (2004).

Hierzu sollten unbedingt standardisierte Checklisten herangezogen werden, um sehr übersichtlich und nachvollziehbar die einzelnen Parameter zu erfassen.

Sobald ein individuelles Versorgungskonzept geschnürt ist, sollte dies in geeigneter Form kommuniziert werden.

Im letzten Schritt ist es dann unerlässlich, jeden einzelnen Mitarbeiter in einer Einzelberatung das Konzept im Detail zu erläutern.

Zunächst sollte eine Brutto-Netto-Darstellung mit verschiedenen Beispielen auf die persönliche Lohnabrechnung gemacht werden. Sehr häufig werden hier grobe Schätzungen der Berater abgegeben, entweder weil keine Lohnabrechnung vorliegt oder weil keine geeigneten Programme verwendet werden. Insbesondere bei Zuschüssen die teils fix und teils prozentual sind und gleichzeitiger Umwidmung der VL mit bestehendem Zuschuss, sind viele nicht in der Lage die Auswirkungen einfach und verständlich aufzuzeigen.

Danach sollten die daraus resultierenden Leistungen dargestellt werden, unterteilt in garantierte und nicht garantierte Werte. Sollte der Arbeitgeber keine Anbieterauswahl und Vorgaben getroffen haben, so ist der Aufklärungsbedarf des Mitarbeiters wesentlich höher. Es muss dann eine produktbezogene Unterscheidung nach Chancen-Risiko-Profilen ausgearbeitet werden.

Außerdem müssen mit dem Mitarbeiter alle wesentlichen Fragen zur betrieblichen Altersversorgung im Allgemeinen und produktspezifisch besprochen und dokumentiert werden. Dazu eignen sich wieder Beratungsprotokolle, bei denen der Mitarbeiter bestätigt, dass eine entsprechende Aufklärung und Information stattgefunden hat.

Bei wesentlichen Änderungen während der Laufzeit eignet sich auch eine entsprechende Dokumentation, um später die Gründe für eventuelle Anpassungen nachvollziehbar zu machen.

---

1. Sphäre Berater-Unternehmen

1.1 Beratungsprotokoll Erstgespräch Arbeitgeber

siehe Anlage 1

1.2 Maklervertrag zwischen Berater und Unternehmen

siehe Teil 1; Anlage 2 Maklerauftrag

Ein Muster für einen Maklervertrag wurde bereits in Teil 1 dargestellt. Dieser sollte genau beschreiben, welche Pflichten der Arbeitgeber auf den Makler überträgt, um spätere Missverständnisse zu vermeiden.

2. Sphäre Berater-Mitarbeiter

2.1 Protokoll über die Information zum Abschluss einer Direktversicherung/Pensionskasse nach § 3 Nr. 63 EStG

siehe Anlage 2

2.2 Empfangsbestätigung und Widerrufsbelehrung

siehe Anlage 3

3. Sphäre Arbeitgeber-Mitarbeiter

3.1 Versorgungsordnung

Bei Neueinstellung eines Mitarbeiters stellt sich immer die Frage, wie der Arbeitgeber die Rahmenbedingungen einer bestehenden Versorgung kommuniziert, um den Anforderungen des Nachweisgesetzes Rechnung zu tragen. Sehr einfach kann dies durch die Aushändigung einer Versorgungsordnung geschehen, deren Erhalt der Mitarbeiter bestätigt. Ein Muster wurde bereits in Teil 1 vorgestellt.

3.2 Entgeltumwandlungsvereinbarung – Nachtrag zum Arbeitsvertrag

siehe Anlage 4

3.3 Erklärung bei Ausscheiden

siehe Anlage 5

Anlage 1

Beratungsprotokoll Erstgespräch bAV

Firma inkl. Rechtsform

Ansprechpartner (Name, Vorname, Funktion)

Straße Hausnummer

PLZ Ort

weiter Anwesende Personen

Makler: Name, Vorname

Straße Hausnummer

PLZ Ort

IHK Reg.

Datum   Ort der Beratung: ○ beim Makler   ○ beim Kunde   ○ Sonstiges:

Analyse Unternehmensstruktur

Anzahl der Mitarbeiter insg. [ ]   davon in Teilzeit [ ]

GF / Vorstände [ ]   Leitende Angestellte [ ]   kfm. Angestellte [ ]   gew. Angestellte [ ]

⊘ Entgelt [ ]   ⊘ Alter [ ]   ⊘ Fluktuation [ ]

Analyse der Rahmenbedinungen   ja   nein

Mitgliedschaft in Arbeitgeberverband: ○ ○

Betriebsrat vorhanden: ○ ○

Anlehnung an Arbeitgebervertband in Arbteitsvertrag geregelt : ○ ○

Arbeitgeberverand:

Arbeitgeberzuschuss zu Vermögenswiksamenleistungen: ○ ○

Höhe: Grundlage:

Überstunden: ○ ○

Sonderzahlungen: ○ ○   Wann/Höhe:

○ ○

Bilanzierung nach ○ deutschem Recht   ○ IFRS

Analyse bestehender Systeme

Welche Formen der bAV nutzen folgende Personengruppen:

	Unterstützungs-kasse	Direktzusage	Pensionsfonds	Pensionskasse	Direkt-versicherung	Lebens-Arbeits-Zeitkonten
(G)GF/ Vorstände	○	○	○	○	○	○
Leitende Angestellte	○	○	○	○	○	○
Arbeitnehmer	○	○	○	○	○	○

Deztails: Wie wurden die Zusagen erteilt (z.B. Arbeitsvertrag, Tarifvertrag, individuell)? _____

_____

_____

_____

_____

Unternehmensbedürfnisse

	ja	nein
Die Umsetzung des Anspreuchs auf Entgeltumwandlung	○	○
Faktisch unbegrenzte Versorgungsleistungen (mehr als 4% der BBG)	○	○
Reduktion von Lohnnebenkosten	○	○
Weitergabe von SV-Ersparnissen	○	○
Anschubfinanzieung durch AG	○	○
Chancen- /Aktienorientierte Anlage optional Anbieten	○	○
Keine Kosten für Insolvenzsicherung	○	○
Geringer Verwaltungsaufwand und Verwaltungsgebühren	○	○
Versorgung für Top-Führungskräften und GGF	○	○
Rückstellungsbildung / Bilanzberührung	○	○
Steuerfrei Thesaurierung von Tantiemen/ Bonifikationen	○	○
Vorruhestandsmodelle für leitendet Angestellte und Führungskräfte	○	○
Prüfung bestehender Pensionszusagen auf Ausfinanzierung und Rechtssicherheit	○	○

⚡ Wir weisen darauf hin, das die Arbeits- und Steuerrechtliche Prüfung durch spezialisierte Steuer- und Rechtsberater erfolgt. Hierzu werden honorarpflichtige externe Beratungsunternehmen beauftragt.

Sollen Mitabeiter die Möglichkeit bekommen biometrische Risiken abzusichern: ○   ○

○ Berufsunfähigkeit   ○ Hinterbliebenschutz

Sonstiges: _____

_____

_____

_____

_____

Vergütung

◯ pauschal in Höhe von _____

◯ nach vorliegender Preisaufstellug

◯ Provision aus den vermittelten Verträgen

Empfehlung des Maklers (weiteres vorgehen / wichtige Eckpunkte)

_____

_____

_____

_____

_____

_____

_____

_____

_____

_____

Kunde wünscht folgende Änderung vom Vorschlag:

_____

_____

_____

_____

_____

_____

_____

_____

_____

_____

_____

Ort, Datum   Kunde   Makler

Wichtige Ansprechpartner:

Steuerberater: Wirtschaftsprüfer / -berater:

Name _____   Name _____

Email _____   Email _____

Telefon _____   Telefon _____

Anschrift _____   Anschrift _____

_____   _____

Anlage 2

**Protokoll über die Information zum Abschluss einer betrieblichen Altersvorsorge
nach § 3 Nr. 63 EStG innerhalb der betrieblichen Altersversorgung der Firma:**

_____

Persönliche Angaben Arbeitnehmer:

Name: _____ Geburtsdatum: _____

Familienstand: _____ Kinder _____

Bruttoeinkommen p.a.: _____ Sonderzahlungen: _____

Steuerklasse: _____ Steuerfreibetrag: _____

Kirche / Bundesland: _____ KV-Satz in %: _____

Berater:

Name: _____ Firma: _____

Stempel _____

Der Arbeitnehmer wünscht eine betriebliche Altersvorsorge in Höhe von mtl./ jährlich / einmalig _____ € im
Durchführungsweg:

☐ **Direktversicherung (DV)** (§ 3 Nr. 63 EStG)
☐ **Pensionskasse (PK)** (§ 3 Nr. 63 EStG)
☐ **Unterstützungskasse (UK)** (§ 4d EStG)
☐ **Pensionsfonds (PF)** (§3 Nr. 63 EStG)
☐ **Direktzusage (DZ)** (§ 6a EStG)

Der Entgeltumwandlungsbetrag setzt sich wie folgt zusammen:

☐ **persönlicher Nettoaufwand**
☐ **+ Lohnsteuerersparnis** bei DV und PK bis 4% der Beitragsbemessungsgrenze (BBG) + € 1.800 p.a., bei UK unbegrenzt LSt-frei
☐ **+ ggf. Sozialversicherungsersparnis** bis 4% der BBG bei DV und PK, sowie zuzüglich 4% der BBG bei UK

☐ Einbringung der **Vermögenswirksamen Leistungen** in Höhe von _____ €.
☐ freiwilliger AG-Zuschuss zusätzlich zum Gehalt in Höhe von _____ € und / oder _____ % des Entgeltumwandlungs-Beitrages.

Ich habe mich im Rahmen der Vorgaben meines Arbeitgebers für folgende Lösung entschieden:

Durchführungs-weg	Gesellschaft	Tarif	Beginn	Ablauf	Beitrag

Gegenstand der Beratung waren auch folgende Produktmerkmale der verschieden Produktgesellschaften:
☐ Qualität des Bedingungswerkes
☐ Garantieleistungen
☐ Know-How des Versicherers über betriebliche Altersversorgung
☐ Renditeerwartungen (eine konservative Betrachtung wurde mir durch den Berater empfohlen)
☐ Rating (z.B. Fitch, S&P, AM Best Company, Moodys, Morgen & Morgen, etc)

Liquiditätssicherung
☐ die monatlichen Beiträge können von mir langfristig bezahlt werden; meine private Nettobelastung habe ich deshalb entsprechend sorgfältig geprüft. Um mein Altersversorgungsziel zu erreichen habe ich ggf. eine höhere Brutto und Nettobelastung als in der Vergangenheit gewählt.

Absicherung von Berufsunfähigkeitsrisiken
☐ ich wünsche die Absicherung der Berufsunfähigkeit
☐ ich wünsche ausdrücklich keine eigenständige Absicherung gegen Berufsunfähigkeit (BU)
☐ ich wünsche ausdrücklich keine Berufsunfähigkeitszusatzversicherung (BUZ), welche die Beiträge
meiner Altersversorgung bei BU übernimmt (Beitragsbefreiung)

Absicherung Todesfallrisiko

ich wünsche die Absicherung des Todesfallrisikos zugunsten versorgungsberechtigter Hinterbliebener:

☐ JA   ☐ Nein

Wunsch des Arbeitnehmers	Tarifauswahl aufgrund dieser Wünsche
☐ Er möchte nur für das Alter vorsorgen.	☐ reiner Rententarif mit Beitragsrückgewähr in der Aufschubphase und Rentengarantiezeit nach Rentenbeginn.
☐ Er möchte keine Leistung im Falle seines Todes, sondern eine Maximierung seiner Altersvorsorge. Er wurde darauf hingewiesen, dass die Tarifauswahl später nicht mehr verändert werden kann.	☐ reiner Rententarif ohne Todesfallleistung
☐ Er möchte eine Absicherung des Todesfallrisikos zugunsten versorgungsberechtigter Hinterbliebener	
☐ Er möchte, dass die Beiträge jährlich dynamisiert werden.	☐ mit festen Prozentsatz Dynamik: ___ % ☐ Jährliche Beitragserhöhungen im selben Verhältnis wie die BBG in der allgemeinen Rentenversicherung (West), ☐ Die Beitragserhöhungen werden auf 4 % der BBG in der allgemeinen Rentenversicherung (West) evtl. zzgl. 1.800 € p. a. begrenzt.
☐ Er möchte eine chancen-, aber auch risikoreichere Anlage.	☐ Anlage der Überschussanteile in Fonds
☐ sonstiges	☐ sonstiges
☐ _____	☐ _____
☐ _____	☐ _____
☐ _____	☐ _____

Der Arbeitnehmer wurde insbesondere zu folgenden Punkten informiert:

☐ Der Abschluss eines Direktversicherungsvertrages auf sein Leben durch den Arbeitgeber und Vorstellung der oben genannten Durchführungswege.

☐ Die Einräumung eines Bezugsrechtes sowohl für den Erlebens- als auch für den Todesfall zu seinen Gunsten.

☐ Die Umwandlung von Arbeitsentgelt in Beiträge für eine Direktversicherung und die Abführung dieser Beiträge durch den Arbeitgeber.

☐ Die künftigen Entgeltansprüche werden in eine nach den anerkannten Grundsätzen der Versicherungsmathematik berechnete wertgleiche Versorgungszusage umgewandelt. Es wird dabei ein Tarif des Versicherers zugrunde gelegt, der Abschluss-, Verwaltungs- und Risikokosten beinhaltet. Der Arbeitnehmer wurde darauf hingewiesen, dass er im Rahmen der Entgeltumwandlung die Kosten für Beratung und Vertragsabschluss trägt.

☐ In den ersten Jahren der Laufzeit der Direktversicherung entsteht - insbesondere durch die Verrechnung der Abschluss- und Vertriebskosten, die der Arbeitnehmer finanziert - nur ein geringes Deckungskapital.

☐ Die Versicherungsbeiträge sind monatlich zu zahlen. Wird eine andere Zahlungsweise gewünscht, erhält der Arbeitnehmer einen entsprechenden Vorauszahlungsrabatt.

☐ Der Höchstbeitrag, der steuerlich gefördert wird, sowie der Mindestbeitrag des gewählten Direktversicherungstarifes.

☐ Die Einschlussmöglichkeit einer Beitragsdynamik und die daraus resultierende Erhöhung von Beitrag und Leistung und über die Auswirkungen auf die Höhe eines Entgeltverzichts.

☐ Die Möglichkeit und die Fristen (1 Monat vor der nächsten Fälligkeit des Arbeitsentgelts) zur Reduzierung, Einstellung und Erhöhung des Beitrags und dass dies jeweils einer schriftlichen Änderung der Entgeltumwandlungsvereinbarung bedarf.

☐ Die Möglichkeit von Zuzahlungen nach vorheriger schriftlicher Änderung der Entgeltumwandlungsvereinbarung.

☐ Die Behandlung von entgeltlosen Zeiten, während denen keine Beiträge durch den Arbeitgeber erbracht werden. Der Arbeitnehmer wurde insbesondere darüber informiert, dass er berechtigt ist, die Versorgung aus individuell versteuertem Einkommen mit eigenen Beiträgen über den Arbeitgeber fortzuführen. Der Arbeitnehmer hat dies dem Arbeitgeber mit einer Frist von 2 Monaten nach Beginn der entgeltlosen Zeit mitzuteilen.

☐ Die Beendigung der Entgeltumwandlungsvereinbarung mit Beginn einer entgeltlosen Zeit. Nach dem Ende der entgeltlosen Zeit kann auf Wunsch des Arbeitnehmers wieder eine neue Entgeltumwandlungsvereinbarung geschlossen werden. Bei Abschluss einer neuen Entgeltumwandlungsvereinbarung nach einer entgeltlosen Zeit aufgrund einer Elternzeit, kann der Arbeitnehmer innerhalb von drei Monaten nach Beendigung der Elternzeit verlangen, dass die Direktversicherung zu den vor der Umwandlung in eine beitragsfreie Versicherung vereinbarten Bedingungen fortgesetzt wird.

☐ Die Verfügungsbeschränkungen hinsichtlich der Rechte und Ansprüche aus dem Versicherungsvertrag vor und nach dem Ausscheiden des Arbeitnehmers aus dem Arbeitsverhältnis. D. h. es kann zwar die Beitragszahlung eingestellt werden (sog. Beitragsfreistellung)

– verbunden mit einer entsprechenden Reduzierung der Leistung –, es kann aber nicht auf das angesparte Kapital mittelbar oder unmittelbar zurückgegriffen werden.

☐ Die Versorgungsleistung kann frühestens mit Vollendung des 60. Lebensjahres in Anspruch genommen werden.

☐ Die Einschränkungen zur Vererblichkeit der Versicherungsleistungen an Hinterbliebene und die Pflicht, die Berücksichtigung von Lebensgefährten mit gemeinsamer Haushaltsführung, sowie Stief- und Pflegekindern, wenn sie zum Kreis der empfangsberechtigten Hinterbliebenen zählen sollen, auf einem gesonderten Formular schriftlich vor Eintritt des Versorgungsfalles mit dem Arbeitgeber zu vereinbaren.

☐ Die Umwidmung von VL in Beiträge zu einer Direktversicherung. Ein eventuell bestehender VL-Vertrag ruht, falls dieser nicht vom Arbeitnehmer privat fortgeführt wird. Der Arbeitnehmer wurde darauf hingewiesen, dass die staatlichen Vergünstigungen für VL, wie z. B. die Arbeitnehmersparzulage, entfallen.

☐ Die Folgen eines vorzeitigen Ausscheidens des Arbeitnehmers aus dem Arbeitsverhältnis mit verfallbaren oder unverfallbaren Anwartschaften (z. B. private Fortführung mit eigenen Beiträgen, Fortführung durch einen neuen Arbeitgeber, Inanspruchnahme des Übertragungsabkommens) und die Möglichkeiten bei Ausscheiden einen Beratungstermin zu den Möglichkeiten zu vereinbaren.

☐ Die derzeitige Rechtslage zur Verwertbarkeit von Direktversicherungsverträgen bei Bezug von Arbeitslosengeld II.

☐ Die allgemeinen Bestimmungen des Steuer- und Sozialversicherungsrechts für die Anspar- und Leistungsphase einer Direktversicherung, insbesondere darüber, dass Leistungen i. d. R. voll versteuert und gegebenenfalls voll beitragspflichtig in der Krankenversicherung der Rentner sind, sowie sozialversicherungsrechtliche Ansprüche gemindert und die Pflichtgrenze zur GKV unterschritten werden kann.
☐ Das Entfallen einer Beitragsermäßigung (Kostenrabattierung), wenn eine solche eingeräumt wurde, z. B. beim Ausscheiden des Arbeitnehmers. D. h. die Leistungen werden entsprechend reduziert oder bei gleichen Leistungen wird ein höherer Beitrag fällig.

Weitere Informationen

Der Arbeitnehmer hatte zusätzlich noch folgende Fragen:

_____

_____

_____

Antworten:

_____

_____

_____

Datenschutzerklärung (Speicherung/Betreuung/Weiterleitung)

Der Arbeitnehmer willigt ein, dass bei dem Vermittler, bzw. dem Vermittlerunternehmen die Inhalte dieser Dokumentation der Beratung nebst der oben beschriebenen Anlagen auch in elektronischer Form abgespeichert werden und eine Kopie in der Personalakte abgelegt wird. Erfolgt die Beratung durch einen Versicherungsvertreter, willigt der Arbeitnehmer ein, dass dieses Beratungsprotokoll nebst der oben beschriebenen Anlagen zum Zwecke der Dokumentation der durchgeführten Beratung an den Versicherer weitergeleitet und dort auch in elektronischer Form gespeichert wird. Die Einwilligung erstreckt sich auch auf die Weitergabe eventuell enthaltener Gesundheitsdaten.

Diese Einwilligungserklärung gilt unabhängig davon, ob der Versicherungsvertrag zustande kommt.

☐ Der Arbeitnehmer willigt jederzeit widerrufbar ein, dass der Vermittler, bzw. das Vermittlerunternehmen zu seiner weiteren Betreuung auf die Inhalte dieser Dokumentation zurückgreifen kann.

☐ Der Arbeitnehmer willigt jederzeit widerrufbar ein, dass der Vermittler, bzw. das Vermittlerunternehmen zu seiner weiteren Betreuung auch über Telekommunikationsmittel (Telefon, Email) Kontakt aufnehmen kann.

Umfang der Information

Die Informationen erfolgten auf Wunsch des Arbeitnehmers, der die Möglichkeiten der betrieblichen Altersversorgung für sich in Anspruch nehmen möchte. Anlass ist die vom Arbeitgeber eingerichtete betriebliche Altersversorgung (Direktversicherung). Er wurde darüber informiert, dass die Information ausschließlich die Möglichkeit der Versorgung über eine Direktversicherung umfasst, die der Arbeitgeber im Rahmen der von ihm eingerichteten betrieblichen Altersversorgung zugelassen hat. Es wird ausdrücklich darauf hingewiesen, dass diese Informationen keine ganzheitliche Versorgungsberatung, die auch andere Formen der Versorgung umfasst, (z. B. Riesterförderung, Rüruprente, private Altersversorge, Berufsunfähigkeitsschutz, Hinterbliebenenschutz) beinhaltet.

Arbeitgeberangebot:

Die Angebotsberechnung mit Versicherungsbedingungen, Rückkaufswerte, Hochrechnungen und Verläufe von Versicherungswerten wurden mir

☐ per E-Mail   ☐ als Kopie   ☐ in elektronischer Form (CD)   ausgehändigt.

☐ Die umfangreiche Beratung habe ich inhaltlich verstanden. Alle meine Fragen wurden vollständig beantwortet.

_____   _____   _____
(Ort, Datum)   (Mitarbeiter)   (Berater

Anlage 3

Beratungsprotokoll zur betrieblichen Altersvorsorge
Haftungsentlastung durch den Arbeitnehmer für den Arbeitgeber

Sozialversicherungspflichtiger Arbeitnehmer:	Die Mitarbeiterberatung Ist erfolgt durch:
_____ Name und Vorname	**(Kontaktdaten + Anschrift des Makler)**
_____ Stellung	_____ _____ _____ _____
_____ Personal-Nr.	
_____ Straße	**Die Beratung wurde durchgeführt von Firmenkundenberater,** _____:
_____ PLZ, Ort	
_____ Telefon privat	_____ Unterschrift + Stempel

◯ Gemäß dem betrieblichen Altersvermögensgesetz bin ich über mein Recht zur betrieblichen Altersversorgung informiert worden.

◯ Ich nehme das Angebot der betrieblichen Altersvorsorge an.

◯ Ich verzichte, trotz Beratung über die Möglichkeit an der betrieblichen Altersvorsorge teilzunehmen und gleichzeitig auf den Sozialversicherungsvorteil. Der Arbeitgeber ist seiner Beratungs- und Durchführungspflicht nachgekommen. Ausdrücklich stelle ich meinen Arbeitgeber von jeglicher Haftung für jetzt und die Zukunft frei. Sollte ich späterhin mein Recht auf Anspruch auf die betriebliche Altersvorsorge nutzen wollen, werde ich meinen Arbeitgeber umgehend informieren.

_____
Unterschrift Arbeitnehmer

Bestätigung durch den Arbeitgeber

Hierdurch bestätige ich, dass o.g. Arbeitnehmer durch Felix Hänsler, Selbstständiger Vertriebspartner der Südcuranz Finanz AG bezüglich der betrieblichen Altersvorsorge beraten worden ist. Das Unternehmen ist in jeglicher Hinsicht seiner Beratungspflicht gemäß § 1 BetrAVG nachgekommen und kann vom Arbeitnehmer hinsichtlich der Durchführungs- und Anspruchshaftung nicht in Regress genommen werden.

_____   _____
Ort, Datum   Unterschrift des AG

Anlage 4

Empfangsbestätigung und Widerrufsbelehrung

Herr/ Frau _____   geb. am _____

- im Folgenden „**Mitarbeiter**"

Anmerkung: Der Vertragstext verwendet zur besseren Lesbarkeit ausschließlich die maskuline Form der Anrede.

erklärt gegenüber

_____

- im Folgenden „**Unternehmen**"

wie folgt:

Ich habe heute zu der zwischen mir und dem Unternehmen abgeschlossenen Entgeltumwandlungsvereinbarung die folgenden Unterlagen über meine betriebliche Altersversorgung erhalten:

    Unverbindliche Modellrechnung (wurde bereits ausgehändigt)
    Produktinformationsblatt (wurde bereits ausgehändigt)
    Vereinbarung zur Entgeltumwandlung (bzw. wurde ein Exemplar bereits ausgehändigt)
    Kopie des Versicherungsscheins
    Allgemeine und steuerliche Hinweise

Ich habe die Modellrechnung gesehen und habe verstanden, dass in den ersten Jahren der Vertrags-laufzeit weniger als die von mir verzichteten Gehaltsbestandteile als Gegenwert im Vertrag enthalten sein wird.

Widerrufsbelehrung

Der Mitarbeiter kann seine auf den Abschluss der Entgeltumwandlungsvereinbarung gerichtete Willenserklärung innerhalb von 14 Tagen ohne Angabe von Gründen in Textform (z.B. Brief, Fax, E-Mail) widerrufen. Die Frist beginnt frühestens mit Erhalt dieser Belehrung. Zur Wahrung der Widerrufsfrist genügt die rechtzeitige Absendung des Widerrufs. Der Widerruf ist zu richten an:

Firma: _____

Abteilung / Ansprechpartner: _____

Straße, Hausnummer: _____

PLZ, Ort: _____

Ort   Datum   Mitarbeiter

Anlage 5:

Ergänzungsvereinbarung zum Arbeitsvertrag: Entgeltumwandlung

Zwischen

_____

- im Folgenden „**Unternehmen**"

und
Herrn/ Frau _____ geb. am _____

- im Folgenden „**Mitarbeiter**"

Anmerkung: Der Vertragstext verwendet zur besseren Lesbarkeit ausschließlich die maskuline Form der Anrede.

wird in Abänderung, bzw. Ergänzung des zwischen den Parteien bestehenden Arbeitsvertrages / einer Betriebsvereinbarung / eines Tarifvertrags mit Wirkung ab dem_____ (im Folgenden: *Beginndatum*) im Rahmen eines *Versorgungsvertrags* bei der

☐ _____ oder

☐ _____ (im Folgenden: *Versorgungsträger*)

zur betrieblichen Altersversorgung wie folgt vereinbart:

1. Entgeltumwandlung

Der Mitarbeiter wandelt ab dem Beginndatum

☐ laufendes Gehalt in Höhe von €_____ monatlich

☐ laufend aus _____ in Höhe von €_____ monatlich/jährlich zum _____

☐ einmalig aus _____ in Höhe von €_____ zum _____

in eine Anwartschaft auf Versorgungsleistungen um (§ 1 Abs. 2 Nr. 3 BetrAVG). Der Mitarbeiter verzichtet insoweit auf seinen Anspruch auf Barauszahlung des umgewandelten Entgelts.

2. Betriebliche Altersversorgung

2.1 Das Unternehmen erteilt dem Mitarbeiter eine der Entgeltumwandlung wertgleiche beitragsorientierte Versorgungszusage über den Durchführungsweg „**Direktversicherung**".

2.2 Das Unternehmen erteilt dem Mitarbeiter darüber hinaus eine beitragsorientierte Versorgungszusage. Das Unternehmen wendet hierfür zur Finanzierung einen zusätzlichen Beitrag auf

☐ in Höhe von €_____ monatlich/jährlich zum _____

☐ in Höhe von _____% des ☐ laufenden ☐ einmaligen Umwandlungsbetrags zur entsprechenden Fälligkeit.

Die hieraus resultierenden Versorgungsanwartschaften sind ☐ nach gesetzlicher Regelung ☐ sofort unverfallbar.

2.3 Das Unternehmen schließt den Versorgungsvertrag für den Eintritt des Versorgungsfalles in der Person des Mitarbeiters ab. Der Mitarbeiter erklärt sein unwiderrufliches Einverständnis dahingehend, dass das Unternehmen berechtigt ist, den Versorgungsvertrag für den Fall des Todes des Mitarbeiters abzuschließen.

2.4 Das Unternehmen verpflichtet sich, an den Versorgungsträger Beiträge in Höhe des umgewandelten Entgelts zu leisten, erstmals am _____ und anschließend ggf. in regelmäßigen Raten entsprechend der unter 1. angegebenen Zahlweise.
Das Unternehmen verpflichtet sich zudem, die ggf. vereinbarten zusätzlichen Beiträge an den Versorgungsträger zu leisten.

Die Zahlungspflicht des Unternehmens besteht so lange fort, wie das Dienstverhältnis zwischen Unternehmer und Mitarbeiter wirksam ist und das Unternehmen zur Zahlung auf der Grundlage des wirksamen Arbeitsvertrages verpflichtet ist. Die Pflicht des Unternehmens der Beitragszahlung entfällt immer in den Fällen und soweit, wie das Unternehmen berechtigt ist, die Entgeltzahlung an den Mitarbeiter einzustellen oder auszusetzen oder die Entgeltumwandlung beendet wird.

2.5 Die Höhe der zugesagten Versorgungsleistungen entspricht den bedingungsgemäßen Leistungen aus dem Versorgungsvertrag. Alle dem Versorgungsvertrag vom Versorgungsträger zugeteilten Überschüsse werden zur Leistungserhöhung verwendet. Ist das Unternehmen zur Einstellung oder Aussetzung der Beitragszahlungen berechtigt, verringern sich die Versorgungsleistungen entsprechend, bzw. gemäß den Grundsätzen und Vertragsbedingungen des Versorgungsträgers.

2.6 Wenn der Mitarbeiter vor Beginn einer hier zugesagten Versorgungsleistung aus dem Unternehmen ausscheidet erklärt es gegenüber dem Mitarbeiter schon jetzt, soweit rechtlich zulässig, dass es die Anwartschaften auf Versorgungsleistungen auf die sich aus dem Versorgungsvertrag ergebenden Leistungen beschränkt.

2.7 Der Mitarbeiter ist nicht berechtigt, den Versorgungsvertrag, die aus dem Versorgungsvertrag oder dieser Vereinbarung resultierenden Versorgungsanwartschaften oder Versorgungsleistungen zu beleihen, zu verpfänden, abzutreten oder in ähnlicher Form über diese zu verfügen.

3. Erklärungen und Hinweise zur betrieblichen Altersversorgung

3.1 Der Mitarbeiter bestätigt mit Unterzeichnung dieser Vereinbarung, dass er durch das Unternehmen

am _____ in den Geschäftsräumen des Unternehmens zur betrieblichen Altersversorgung im Unternehmen beraten wurde. Die Beratung wurde für das Unternehmen durchgeführt von

Herrn/Frau _____ – im Folgenden auch kurz: *Beauftragter.* Die vom Mitarbeiter gestellten Fragen sind ausführlich und verständlich beantwortet worden.

3.2 Insbesondere wurde der Mitarbeiter darauf hingewiesen, dass:
a) die maßgebliche Bemessungsgrundlage für zukünftige Gehaltserhöhungen und andere, gehaltsabhängige betriebliche Leistungen die Gesamtbezüge des Mitarbeiters, einschließlich der hier vereinbarten Umwandlungsbeträge bleiben;
b) die der Entgeltumwandlung unterliegenden Entgeltanteile, der Höhe nach beschränkt, steuer- und sozialversicherungsfrei sind und erst die Versorgungsleistungen bei Auszahlung an den Mitarbeiter nach Eintritt des Versorgungsfalles (z.B. bei Erreichen des Renteneintrittsalters) der – dann üblicherweise verringerten – Besteuerung und einer Sozialversicherungsbeitragspflicht unterliegen;
c) sein Nettogehalt durch die Entgeltumwandlung ggf., nämlich in Abhängigkeit von der Höhe des umgewandelten Entgelts, niedriger als vor der Umwandlung ausfallen kann;
d) infolge der Entgeltumwandlung und der Sozialversicherungsfreiheit derjenigen Entgeltanteile, die der Entgeltumwandlung unterliegen, die an die gesetzliche Sozialversicherung abzuführenden Beiträge geringer sein können als ohne die Entgeltumwandlung und hierdurch seine Ansprüche aus der gesetzlichen Sozialversicherung (Renten-, Arbeitslosen-, Kranken- und Pflegeversicherung und Berufsgenossenschaft) sinken können;
e) ein Wechsel des Arbeitgebers (Unternehmen) und eine damit ggf. verbundene Kündigung oder Beitragsfreistellung des Versorgungsvertrages durch das Unternehmen in den ersten Jahren der Vertragslaufzeit im Regelfall für den Mitarbeiter mit finanziellen Nachteilen verbunden ist, da insbesondere die Kosten für den Vertragsabschluss von den zu Vertragsbeginn geleisteten Einzahlungen in Abzug gebracht werden und der Vertragswert unter Um-ständen sogar deutlich unter den durch die Entgeltumwandlung geleisteten Einzahlungen liegen kann, dies gilt auch für den Fall, dass der Mitarbeiter noch bei dem Unternehmen angestellt ist, aber eine Fortführung der Entgeltumwandlung nicht mehr wünscht;
f) dem Mitarbeiter bei einem Arbeitgeberwechsel statt einer Kündigung des Versorgungsvertrages durch das Unter-nehmen die Möglichkeit offen steht, den Versorgungsvertrag mit eigenen Einzahlungen in den Vertrag fortzuführen, diese Einzahlungen sind dann nicht steuer- oder sozialversicherungsfrei und die Leistungen aus dem Versorgungsvertrag werden nach aktueller Rechtsprechung bei Bezug der der Leistungen erneut mit (üblicherweise verringerten) Sozialabgaben belegt;
g) die etwaigen günstigen Gruppenkonditionen nach einer möglichen Übertragung des Versorgungsvertrages auf den Mitarbeiter, z.B. nach dem Ausscheiden aus dem Unternehmen, nicht unbedingt fortgesetzt werden können und es daher zu einer Reduktion der Leistung bzw. zu einer Beitragserhöhung kommen kann;
h) als berechtigte Hinterbliebene für die Todesfallleistung aus dem Versorgungsvertrag nur der/die hinterbliebene Ehegatte/in, die kindergeldberechtigten Kinder oder die dem Unternehmen namentlich bekannt gegebene(n) und in häuslicher Gemeinschaft lebende Lebensgefährte/in in Frage kommen. Sofern diese Personen zum Zeitpunkt des Todes nicht vorhanden sind, darf aus rechtlichen Gründen an nicht-berechtigte Hinterbliebene höchstens ein aufsichtsrechtlich maximiertes Sterbegeld ausgezahlt werden, hierzu ist ein/e nicht-berechtigte/r Hinterbliebene/r dem Unternehmen mit Namen, Anschrift und Geburtsdatum vor dem Tode schriftlich bekannt zu geben.
i) der Beauftragte im Unternehmen nicht als sein persönlicher Berater tätig wird oder geworden ist, sondern lediglich die Interessen des Unternehmens wahr nimmt/ wahrgenommen hat und die dem Unternehmen ihm gegenüber ob-liegenden Pflichten erfüllt, bzw. erfüllt hat.

4. Datenschutz

Der Mitarbeiter erklärt sich damit einverstanden, dass die ihn betreffenden persönlichen Daten soweit von dem Unter-nehmen an den Versorgungsträger und an den Beauftragten, sowie an deren jeweiligen Erfüllungsgehilfen weitergegeben werden dürfen, wie dies zur Umsetzung dieser Vereinbarung erforderlich ist. Der Versorgungsträger und der Beauftragte sowie deren Erfüllungsgehilfen sind in diesem Umfange auch zur Speicherung, Verarbeitung und Weitergabe der persönlichen Daten des Mitarbeiters an Dritte berechtigt, sofern diese entsprechend auf die Einhaltung der Bestimmun-gen des Datenschutzes verpflichtet sind.

5. Wirksamkeit der Vereinbarung und Kündigung

5.1 Die Wirksamkeit dieser Vereinbarung steht unter der aufschiebenden Bedingung des Abschlusses des Versorgungsvertrages durch den Arbeitgeber.

5.2 Der Mitarbeiter ist an diesen Vertrag erst gebunden, wenn er die Unterlagen über die ihn betreffende betriebliche Altersversorgung erhalten hat. Nach Zugang der Unterlagen kann der Mitarbeiter innerhalb von zwei Wochen diese Vereinbarung widerrufen.

5.3 Sowohl das Unternehmen als auch der Mitarbeiter sind berechtigt, diese Vereinbarung zu kündigen, wenn sich die bei Abschluss dieser Vereinbarung maßgebenden Umstände so wesentlich ändern, dass der jeweils von der Änderung betroffenen Vertragspartei ein Festhalten an dieser Vereinbarung unzumutbar ist. Die betroffene Vertragspartei ist dann zur Kündigung dieser Vereinbarung unter Einhaltung einer Frist von 1 Monat zum jährlichen Beginndatum des Versorgungsvertrages berechtigt. Die Kündigung bedarf der Schriftform und ist an die Geschäftsleitung des Unternehmens zu richten.

5.4 Diese Vereinbarung endet automatisch, ohne dass es einer Kündigung bedarf, mit dem Datum, zu dem der Arbeitsvertrag zwischen den Parteien endet.

6. Schlussbestimmungen

6.1 Sollte eine Bestimmung oder sollten mehrere Bestimmungen dieser Vereinbarung nichtig oder unwirksam sein oder werden, so bleibt die Wirksamkeit der übrigen, nicht unwirksamen oder nichtigen Bestimmungen hiervon unberührt.

6.2 Jede Änderung oder Ergänzung dieser Vereinbarung bedarf der Schriftform. Dies gilt auch von der Abbedingung des Schriftformerfordernisses.

6.3 Beide Parteien sind sowohl für den Fall der Nichtigkeit als auch der Unwirksamkeit verpflichtet, die nichtige oder unwirksame Klausel durch eine solche wirksame zu ersetzen, die dem wirtschaftlich mit dem Inhalt der nichtigen oder unwirksamen Klausel Gewollten am nächsten kommt.

6.4 Die Bestimmung der Ziffer 6.3 dieser Vereinbarung gilt entsprechend für den Fall der Kündigung dieser Vereinbarung gemäß Ziffer 5.3 dieser Vereinbarung. Die Vertragsparteien sind in diesem Fall zu einer Vertragsergänzung oder -änderung verpflichtet, die den eingetretenen Änderungen entsprechende Rechnung trägt und beiden Vertragsparteien ein Festhalten an dem Vertrag wieder zumutbar macht.

6.5 Eine Änderung dieser Vereinbarung schließen die Parteien soweit aus, wie dem Unternehmen hierdurch finanzielle Belastungen entstehen, die über den Inhalt dieser Vereinbarung hinausgehen. 6.6 Mit Unterzeichnung bestätigen beide Vertragsparteien zugleich, ein Exemplar dieser Vereinbarung erhalten zu haben.

_____   _____
Ort, Datum   Ort, Datum

_____   _____
Unternehmen   Mitarbeiter

Erklärung des Unternehmens bei Ausscheiden des Mitarbeiters
gemäß § 2 Abs. 2 Satz 2 BetrAVG

Empfänger: Versicherer und Mitarbeiter

Das Unternehmen

_____

_____

_____

im Folgenden „*Unternehmen*"

hat dem Mitarbeiter _____ , geb. am _____ im Folgenden „Mitarbeiter"
seit dem _____ eine betriebliche Altersversorgung über den Durchführungsweg *Direktversicherung*
zugesagt. Die Finanzierung des Beitrags erfolgte durch eine ☐ *Entgeltumwandlung und/oder* ☐ *einen
zusätzlichen arbeitgeberfinanzierten Aufwand.*

Der Versicherungsvertrag wurde mit der _____

(im Folgenden „*Versicherer*")

abgeschlossen und wird dort unter der Versicherungsnummer _____ geführt.

(im Folgenden „*Versicherungsvertrag*").

Der Mitarbeiter schied zum _____ (im Folgenden „*Ausscheidezeitpunkt*") aus dem Unternehmen
aus. Die Ansprüche des Mitarbeiters auf diese betriebliche Altersversorgung sind gemäß § 1b Abs. 1 des
Betriebsrentengesetzes (BetrAVG) unverfallbar.

Das Unternehmen erklärt hiermit gegenüber dem ausgeschiedenen Mitarbeiter und dem Versicherer wie folgt:

1. Ansprüche des ausgeschiedenen Mitarbeiters aus dieser betrieblichen Altersversorgung beschränken sich auf
die aus dem Versicherungsvertrag zu erbringende Leistung;
2. Ansprüche aus dem Versicherungsvertrag wurden vom Unternehmen weder abgetreten noch beliehen;
3. zum Ausscheidezeitpunkt bestanden keine Beitragsrückstände;
4. alle etwaigen Überschussanteile wurden zur Leistungserhöhung verwendet;
5. dem ausgeschiedenen Mitarbeiter wird das Recht zur Fortsetzung der Versicherung mit eigenen Beiträgen
eingeräumt;
6. der Mitarbeiter darf das bis zu seinem Ausscheiden in der Versicherung gebildete geschäftsplanmäßige
Deckungskapital bzw. den Zeitwert nicht beleihen oder abtreten oder in dieser Höhe den Rückkaufswert in
Anspruch nehmen.

Das Unternehmen wird darüber hinaus nach Wunsch des Mitarbeiters die Versicherungsnehmereigenschaft auf
den ausgeschiedenen Mitarbeiter oder einen etwaigen neuen Arbeitgeber übertragen. Sofern der Mitarbeiter dem
Unternehmen keine diesbezügliche Entscheidung bis zum Ende des 3. Monats nach dem Ausscheiden aus dem
Unternehmen mitgeteilt hat, wird die Versicherungsnehmereigenschaft auf den Mitarbeiter übertragen.

*Hinweis Das Unternehmen weist den ausgeschiedenen Mitarbeiter darauf hin, dass nach aktueller
Rechtsprechung die Fortführung des Vertrages mit eigenen Mitteln dazu führt, dass auch die hieraus
entstehenden Leistungen bei Bezug ggf. beitragspflichtig in der gesetzlichen Kranken- und Pflegeversicherung
sind.*

Literaturverzeichnis

Ahrend, Peter / Förster, Wolfgang / Rühmann, Jochen /Schumann, Hans-Heinrich (2003): Gesetz zur Verbesserung der betrieblichen Altersversorgung, München 2003.

Brock, Ulrich (2003): BAV: Falschberatung. In: Versicherungsmagazin 08/2003 (50. Jg.), S. 12-16.

Buttler, Andreas (2002): Einführung in die betriebliche Altersversorgung. Mit allen Änderungen durch das AVmG, das HZvNG und das BMF-Schreiben vom 5. August 2002. Karlsruhe 2002.

Doetsch, Peter (2003): Auskunfts- und Informationspflichten von Arbeitgebern und externen Versorgungsträger bei der betrieblichen Altersversorgung. In: aba-Mitteilungsblatt 1/2003, S. 48-55.

Ebeling, Ralph (2003): Die Bezugnahme auf Tarifverträge im Arbeitsvertrag. Diss. Regensburg 2003.

Gohdes, Alfred / Haferstock, Bernd / Schmidt, Rainer (2001): Pensionsfonds nach dem Altersvermögensgesetz aus heutiger Sicht, DB 2001, S. 1558-1562.

Höfer, Reinhold (2004): Gesetz zur Verbesserung der betrieblichen Altersversorgung. Band 1, Kommentar zum Arbeitsrecht. Band 2, Steuerrecht. Mülheim, Stand 02/2004.

Jäger, Harald (2002): Das Durcheinander in der betrieblichen Altersversorgung. In: Versicherungswirtschaft 8/2002, S. 1152.

Kemper, Kurt / Kister-Kölkes, Margret (2002): Arbeitsrechtliche Grundzüge der betrieblichen Altersversorgung. Düsseldorf/Mühlheim a. d. R. 2002.

Langohr-Plato, Uwe (2003): Rechtshandbuch. Betriebliche Altersversorgung. o. O., 2003.

Langohr-Plato, Uwe / Teslau, Johannes (2006): Beitragsorientierte Leistungszusage versus Beitragszusage mit Mindestleistung – der Versuch einer Abgrenzung. Gesetz zur Verbesserung der betrieblichen Altersvorsorge 2006.

Lerner, Petra (2004): Das Betriebsrentengesetz 2005. Neuer Auskunftanspruch des Arbeitnehmers. In: Recht und Praxis der betrieblichen Altersversorgung (Höfer-Vorsorge-Management) 1/2004, S. 10-15.

Löwisch, Manfred (2002): Arbeitsrecht. Düsseldorf 2002.

Neumann, Barbara (2004): Betriebliche Altersversorgung mit Entgeltumwandlung, hier: Vertragsschluss am Arbeitsplatz. 02.02.2004 (Interne Information der DBV Winterthur).

Ohne Autor (2002): Schadenersatz wegen fehlerhafter Auskünfte über Versorgungsansprüche, in: Der Betrieb 4 (25.01.2002), S. 227.

Pohl, Detlef (2004): Viele bAV-Policen unter Widerrufsrisiko. In: www.versicherungsjournal.de vom 07.01.2004 (Download vom 24.06.2004), Url: http://www.versicherungsjournal.de/mehr.php?Nummer=6957).

Preis, Ulrich (1999): Arbeitsrecht. Praxis-Lehrbuch zum Individualarbeitsrecht. Köln 1999.

Reichel, Christian / Heger, Heinz-Josef (2003): Betriebliche Altersversorgung. Ein Grundriss. München 2003.

Reinecke, Gehrhard (2009): Hinweis-, Informations- und Beratungspflichten im Betriebsrentenrecht nach der Reform des Versicherungsvertragsrechts, in: Recht der Arbeit, München 2009, S. 13-20.

Schack, Axel / Tacke, Karsten / Tau, Jens T. (2002): Praktiker-Handbuch zur Umsetzung der betrieblichen Altersversorgung. Gesetzliche und tarifliche Entgeltumwandlung in den Unternehmen. Heidelberg 2002.

Verband Druck und Medien in Baden-Württemberg e.V. (Hrsg) (2003): Betriebliche Altersversorgung. Informationspflichten des Arbeitgebers 9/2003 vom 08.07.2003.

Welscher, Christoph (2004): Betriebliche Altersversorgung. Arbeitsrecht. Präsentation (Power-Point-Vortrag) zum Arbeitsrecht (Stand 3/2004). Folie 1-33.

Mündliche Quellen

GDV (Gesamtverband der deutschen Versicherungswirtschaft e.V.)

Dr. Henriette M. Meissner, Key-Account-Managerin BAV / Leben, Center of Competence bAV, DBV Winterthur Versicherungen

Herr Nolden, Aachener Münchner Gesellschaft für betriebliche Altersversorgung.

Die Autoren

Hans-Georg Schumacher ist ausgebildeter Versicherungskaufmann und Diplom-Betriebswirt. Er verfügt über eine jahrzehntelange Erfahrung als Verkaufstrainer, Bezirks-, Filial- und Landesdirektor sowie als Mitglied der Geschäftsleitung einer namhaften Versicherungsgesellschaft. Im Jahr 1995 gründete er die APM Europe Assurance Personnel Management und ist seither als Trainer und Unternehmensberater tätig. In dieser Aufgabe bietet er Seminare zur Neukundengewinnung durch die persönliche Direktansprache und durch ein gekonntes Empfehlungsmanagement im qualifizierten Geschäft an. Die Besonderheit daran ist, dass die Ansprechstrategie unmittelbar durch ein Feldtraining in die Praxis umgesetzt wird. Hans-Georg Schumacher hat durch seine Seminartätigkeit, viele Veröffentlichungen und als Autor des Buches „Qualifizierte Neukundengewinnung im Firmenkundengeschäft" (3. Auflage, Gabler Verlag, Wiesbaden 2011, ISBN 978-3-8349-2972-3) einen hohen Bekanntheitsgrad.

Markus Sobau ist seit 1995 selbstständiger Finanzdienstleister (Versicherungsmakler GmbH) mit dem regionalen Schwerpunkt Frankfurt am Main – Freiburg – Stuttgart. 1998 begann er damit, Workshops und Vorträge für Finanzberater anzubieten und gründete 2001 die Trainingsfirma FSG Finanzcampus GmbH. Seine Tätigkeitsschwerpunkte in der Finanzberatung sind die Renten-/Altersvorsorge (hauptsächlich geförderte Produkte), die Einkommensabsicherung (BU, SKV, Invalidität) und der Gesundheitsschutz (PKV, Pflege). Markus Sobau verfügt über zahlreiche Zusatzqualifikationen. So ist er beispielsweise Zertifizierter Fondsberater (EAFP), TÜV Süd Zertifizierter Fonds-Spezialist und Mitglied der Deutschen Gesellschaft für Finanzplanung.

Felix Hänsler hat sich nach seinem Studium an der dualen Hochschule in Lörrach 2004 als Versicherungsmakler selbstständig gemacht. Bereits während des Studiums hat er sich auf den Bereich betriebliche Altersvorsorge konzentriert. Für diesen Bereich ist er in der Südcuranz Finanz AG verantwortlich. 2007 hat Felix Hänsler bei der febs consulting ein Fernstudium zum Fachberater für bAV absolviert. Sein heutiger Schwerpunkt liegt in der ganzheitlichen bAV-Beratung kleiner mittelständischer Unternehmen. Neben einer professionellen Umsetzung der Belegschaftsversorgung (Einrichtung, Kommunikation, Betreuung) spielt die Unternehmer-Versorgung bei Kapitalgesellschaften eine herausragende Rolle. Durch das Experten-Netzwerk der Südcuranz Finanz AG kann eine ganzheitliche Beratung gewährleistet werden.

Stichwortverzeichnis

Druck: KN Digital Printforce GmbH · Schockenriedstraße 37 · 70565 Stuttgart